LES MÉTIERS DU NUMÉRIQUE

SOMMAIRE

MÉTIERS

REPORTAGE

ÉTUDES

EMPLOI

GUIDE PRATIQUE

CARNET D'ADRESSES DES FORMATIONS

Retrouvez toute l'info sur les formations et les établissements mise à jour sur www.onisep.fr.

LEXIQUE

Définitions des termes soulignés.

DES REPÈRES

Un code couleur permet de distinguer les familles de métiers.

Le nombre de pièces indique le niveau de salaire en début de carrière *(lire p. 140)*.

Les mots soulignés sont expliqués dans le lexique p. 140.

LES COULISSES DU NUMÉRIQUE

Chaque innovation numérique est le fruit d'un travail collectif et ne fait pas seulement appel à des compétences techniques.

Conception

Lorsqu'une entreprise imagine un nouveau service, d'écoute de musique en ligne par exemple, elle s'appuie sur un **chef de projet**, chargé de définir le fonctionnement de la plateforme et d'organiser les interventions des différents professionnels nécessaires à sa réalisation.

Habillage graphique

Place ensuite aux créatifs qui donnent chair au projet. Le **designer d'interface** crée l'identité visuelle de l'application : couleurs, logo... L'**UX** *(User eXperience)* **designer** propose aux utilisateurs la navigation la plus efficace.

Développement

Les fonctionnalités et la navigation définies, c'est au tour des **développeurs**, puis des **testeurs**, d'intervenir. Chaque caractéristique de l'application (spécification) est traduite dans un langage de programmation. Pas besoin d'être fort en maths pour être à l'aise en codage. Un esprit logique suffit.

Traitement des données

Une fois la plateforme ouverte au public, les spécialistes du traitement statistique, les **data scientists**, s'activent pour récolter un maximum d'informations sur les préférences des utilisateurs : artistes et styles musicaux les plus écoutés, horaires et durée de connexion...

Stratégie commerciale

Les **experts du marketing digital**, qui ont toujours un œil sur la concurrence, analysent ces données pour proposer des évolutions (faire défiler les paroles des chansons, par exemple) et attirer toujours plus d'abonnés.

Sécurisation

Protéger les données personnelles, empêcher les intrusions... les **experts en cybersécurité** veillent, aux côtés des professionnels de l'informatique qui gèrent les bases de données et les systèmes d'information.

UNE JOURNÉE CHEZ CLEVER AGE PARIS

AU CŒUR D'UNE AGENCE DIGITALE

Photos : Mehrak

Conseil et accompagnement des entreprises dans leur stratégie digitale, création de sites Web ou d'applications mobiles, refonte de plateformes de vente en ligne, optimisation des performances... depuis 2001, l'agence Clever Age Paris met son expertise au service de ses clients, des acteurs publics ou privés de tous les secteurs d'activité : banque-assurance, distribution, luxe, tourisme, médias, santé... Rencontre avec quelques-uns de ses 80 salariés, qui œuvrent au quotidien à l'élaboration de solutions digitales innovantes.

DELL

PILOTER LES PROJETS

Clément Boucher, chef de projet Web fonctionnel, supervise la création ou la refonte de sites pour des clients de l'agence. Il travaille actuellement à la transformation d'un site d'e-commerce pour une enseigne de prêt-à-porter, projet pour lequel il pilote une dizaine de collaborateurs : développeurs, graphistes, marketeurs... *« Je dois d'abord recueillir les besoins du client, pour lui proposer la solution digitale la plus adaptée tant sur le plan technique que graphique. À partir de ses besoins, mais aussi de son budget, j'évalue le temps nécessaire à la refonte du site, je hiérarchise les tâches et constitue les équipes, j'élabore les plannings... L'important dans mon métier ? Gérer les délais. Les projets que je pilote durent entre 3 et 9 mois. »*

Tous les matins, le jeune homme organise des réunions avec ses équipes pour faire le point sur ce qui s'est passé la veille, les objectifs de la journée et l'avancée du projet. *« Mon but est aussi de fédérer mes collaborateurs autour du projet en cours pour que chacun s'y sente impliqué et apporte ses idées. Pour cela, je dois être à leur écoute. »* Clément a également des échanges réguliers avec son client. *« J'ai un rôle d'interface, de chef d'orchestre ! »* ■

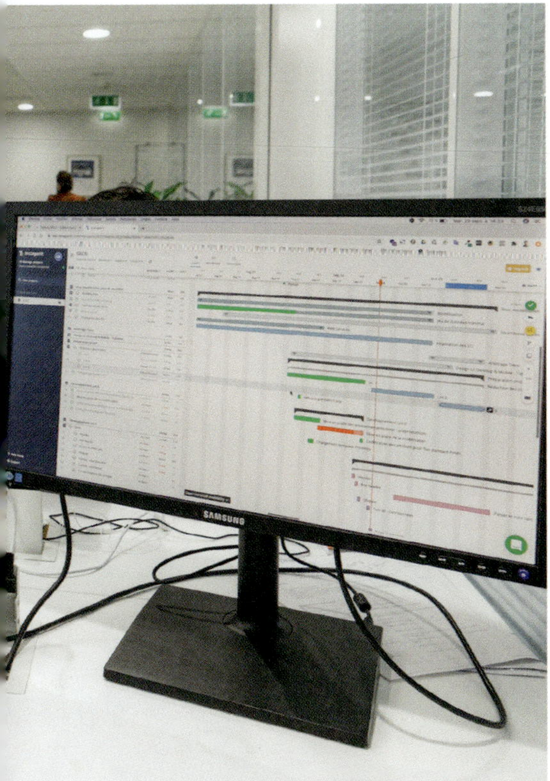

AMÉLIORER LA NAVIGATION

Simplifier le parcours des internautes : c'est le rôle de **Daniel Godin, UX designer.** Il planche en ce moment sur l'optimisation du site des Gîtes de France. *« Mon travail consiste d'abord à me mettre à la place des utilisateurs et à identifier les problèmes qu'ils rencontrent. »* Après avoir dessiné des *storyboards* servant à tester certaines hypothèses, Daniel imagine les maquettes des nouvelles interfaces et compose les pages : place des boutons, des textes, des images... Ces *wireframes* (ou « maquettes fonctionnelles ») définissent les règles de navigation, les interactions et l'organisation de l'information dans les différentes pages. *« Tout en respectant l'identité visuelle et la charte graphique définies par le client, mais aussi l'accessibilité des informations pour les utilisateurs, je cherche à rendre la navigation la plus intuitive possible. C'est d'autant plus important sur les sites d'e-commerce, où chaque visiteur est un client potentiel. Un site trop complexe, pas assez épuré peut décourager les visiteurs. »*

Avec **Auriana Bastian, intégratrice,** il réalise ensuite un zoning : une représentation en noir et blanc de la page avec les blocs positionnés. *« La page d'accueil, par exemple, doit être pensée différemment selon le support utilisé : Web, mobile ou tablette. On est beaucoup plus libre pour une lecture sur ordinateur, car on a de l'espace et des options de mise en page. Pour une lecture sur mobile, il y a plus de contraintes (écran tactile, taille). L'affichage sur les différents supports s'appelle le* responsive webdesign *(site adaptatif). »* ■

INTÉGRER LES CONTENUS

Une fois le prototype validé par le client, le travail d'intégration peut débuter. **Auriana Bastian** traduit les maquettes graphiques transmises par les créatifs en langages compréhensibles par un navigateur Web. La jeune **intégratrice** compose la nouvelle mise en page de la *home* du site des Gîtes de France, en y intégrant des éléments graphiques, les textes et les balises HTML (qui définissent les différents éléments de la page Web). *« Je crée le squelette de la page, en codant tous ses éléments statiques. Pour qu'un bouton s'affiche de manière identique quel que soit le navigateur, il y a des astuces à connaître. Et je dois veiller constamment au respect de la charte graphique. »*

RENDRE LE SITE FONCTIONNEL

La navigation et la mise en page définies, c'est au tour de **Stéphanie Caron, développeuse,** d'entrer en piste. *« À partir des maquettes HTML données par l'intégratrice, je traduis chaque fonctionnalité en langage machine, c'est-à-dire en lignes de code (Python, C++...). Ce sont ces fonctionnalités, programmées en back, qui vont rendre les pages dynamiques en front (visibles à l'écran). »* Après les développeurs, les **testeurs** prennent le relais. *« Bugs, dysfonctionnements, anomalies... ils vérifient tout avant la mise en ligne »*, poursuit Stéphanie. Mais le travail des développeurs n'est pas fini pour autant. *« Le plus souvent, nous livrons une première version du site, que nous faisons évoluer ensuite. Cette phase d'optimisation est indispensable pour nous démarquer de la concurrence. »* ■

OPTIMISER LES PERFORMANCES

Autre levier pour se distinguer : le marketing digital. **Maureen Bel, assistante webmarketing** de l'agence, est chargée de son référencement. Son défi ? Donner la meilleure visibilité possible à Clever Age Paris sur les moteurs de recherche, comme Google. *« Mots-clés pertinents dans les contenus rédactionnels, structuration optimale des pages (longueur des textes, des titres...), utilisation de l'outil Google Analytics : j'ai plusieurs techniques à ma disposition. »*

La jeune femme travaille en lien étroit avec **Patricia Bon, responsable du marketing digital.** *« Ma mission est de promouvoir l'agence, en montrant à nos clients notre expertise. Cela passe par l'animation de notre site Web (mise en avant des actualités, des références clients, des offres commerciales...), l'animation de nos comptes sur les réseaux sociaux (posts sur LinkedIn, mise en ligne de vidéos sur YouTube...), ou l'organisation d'opérations de communication externe (campagnes d'e-mailing,événements)... »* ■

VEILLER AUX RÉSEAUX

Sécuriser le travail de tous au sein de l'agence, c'est la responsabilité quotidienne de **Lionel Félicité,** l'un des trois **administrateurs systèmes et réseaux.** *« Bugs du système d'exploitation, difficultés de connexion aux logiciels internes... je viens en aide à mes collaborateurs. Je gère aussi les incidents pouvant affecter les réseaux de nos clients (pannes de serveur, anomalies...). Il faut parfois investiguer plusieurs jours. Mais c'est toujours gratifiant de trouver la solution ! »* Avoir une parfaite connaissance des différents systèmes d'exploitation existants (Windows, Linux...) lui est nécessaire. *« Se tenir informé des dernières évolutions technologiques est aussi crucial. »*

MÉTIERS

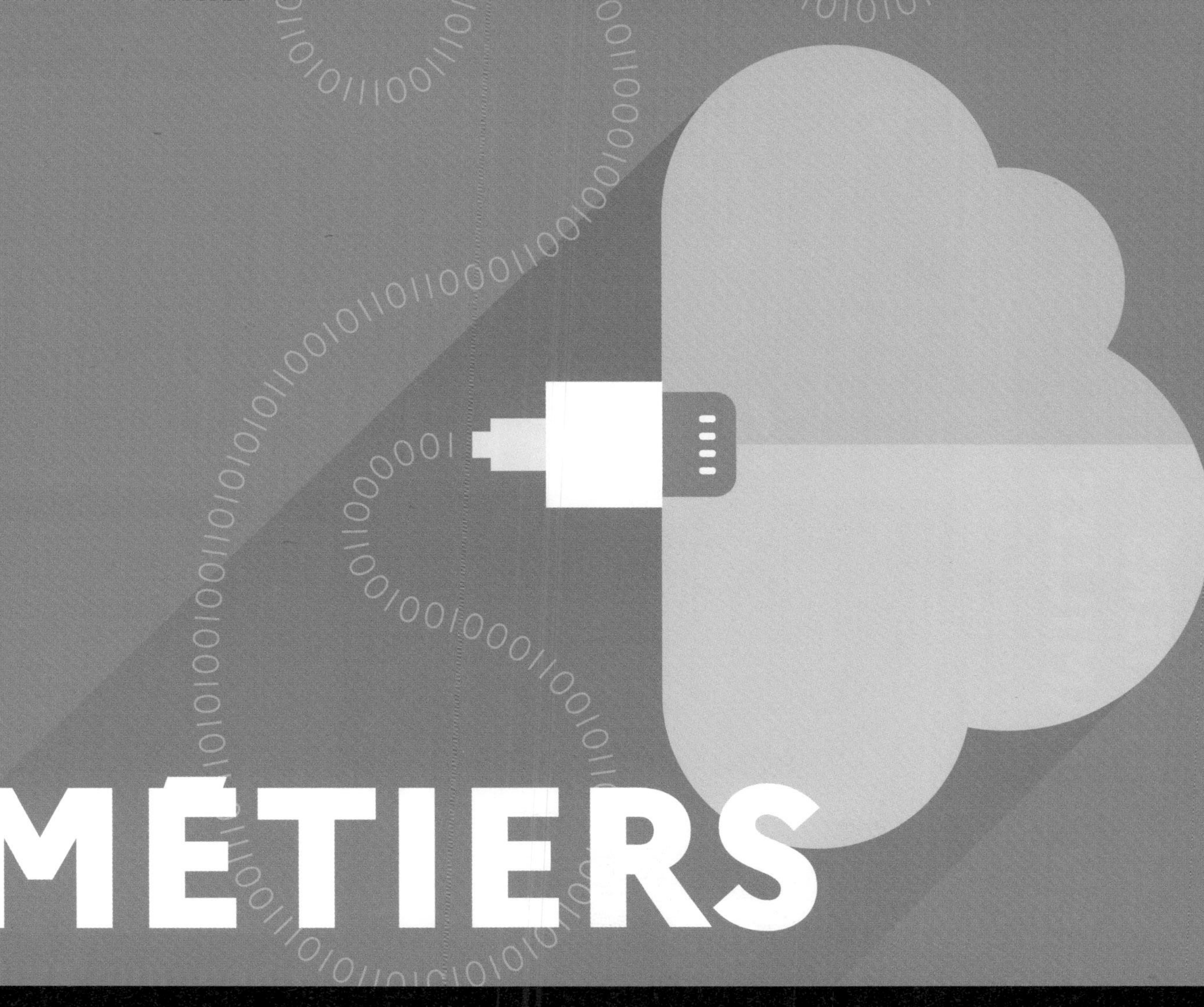

LES MÉTIERS EN 5 FAMILLES

Conception, développement, communication digitale… les projets numériques font appel à de nombreux professionnels. Découvrez leurs activités.

SYSTÈMES ET RÉSEAUX

Le bon fonctionnement des systèmes d'information d'une entreprise et leur sécurisation reposent sur des ingénieurs et des techniciens. Des activités qui peuvent soit être réalisées en interne, au sein du service informatique de l'entreprise, soit confiées à une ESN (entreprise de services du numérique).

- **Administrateur réseau**
- **Analyste exploitation**
- **Expert en cybersécurité**
- **Ingénieur *cloud computing***

CONCEPTION, DÉVELOPPEMENT

Création d'un site Web ou d'une application mobile, optimisation d'une plateforme de vente en ligne… tous les projets numériques impliquent une phase de conception, puis de développement. Des travaux généralement menés par une équipe de développeurs et d'ingénieurs. Dernière étape avant la mise en ligne : les tests, qui visent à détecter la moindre anomalie.

- **Architecte d'applications mobiles**
- **Architecte Web**
- **Chef de projet logiciels**
- **Développeur**
- **Intégrateur**
- **Testeur**
- **Webmaster technique**

DESIGN, GRAPHISME

Définir une structure tout en tenant compte de la navigation et des fonctionnalités à proposer : c'est le défi que doivent relever les designers d'applications mobiles et de sites Web. Pour les aspects visuels, ils s'appuient sur les compétences de professionnels du graphisme. À eux d'imaginer une interface simple et attrayante, capable de fidéliser les utilisateurs.

- **Graphiste**
- **Ingénieur en réalité virtuelle**
- **UX/UI designer**
- **Webdesigner**

TRAITEMENT DES DONNÉES

Au quotidien, des milliards de données numériques sont produites, partagées, stockées… En pleine expansion, ces *data* ont fait naître de nouveaux besoins et de nouveaux métiers pour les analyser, en imaginer de nouveaux usages grâce à l'intelligence artificielle, mais aussi en cadrer l'utilisation.

- **Administrateur de bases de données**
- **Data scientist**
- **Délégué à la protection des données**
- **Ingénieur en intelligence artificielle**

MARKETING DIGITAL

Optimiser le référencement ou la fréquentation d'un site, doper les ventes en ligne, élaborer des campagnes publicitaires pour attirer de nouveaux visiteurs… les experts en marketing digital occupent des fonctions stratégiques. Newsletters, bannières animées, posts sur les réseaux sociaux, jeux-concours… ils usent de tous ces leviers pour donner le maximum de visibilité à une marque ou à un produit. Ils exercent côté annonceur ou en agence, pour le compte de plusieurs clients.

- **Chargé de référencement**
- **Community manager**
- **Consultant en marketing digital**
- **E-réputation manager**
- **Responsable affiliation**
- **Traffic manager**

EXPERT EN CYBERSÉCURITÉ

© DR

Thomas Momenzadeh,
analyst SOC *(security operation center)* chez Orange Cyberdefense, à La Défense (92)

« J'avais très envie de me confronter aux attaques informatiques de façon concrète. »

Passionné d'informatique, Thomas s'est orienté vers la cybersécurité en master. Aujourd'hui, il traque les menaces potentielles pour plusieurs entreprises clientes d'Orange Cyberdefense. Sa mission ? Identifier les attaques informatiques et y remédier, puis contribuer à renforcer les systèmes de sécurité mis en place.

Prévenir les attaques. En cybersécurité, les métiers sont nombreux aussi bien du côté stratégique (conception des systèmes d'information) que technique (prévention et traque des attaques). Après un stage en analyse des risques, Thomas a choisi un poste d'analyst SOC *(security operation center)*: *« J'avais très envie de me confronter aux attaques de façon concrète, de travailler sur différents outils spécifiques pour développer la cybersécurité des entreprises. »* En intégrant Orange Cyberdefense, il a bénéficié d'un mois de formation sur les cyberattaques, la gestion de crise, le RGPD...

Gérer les alertes. Au quotidien, Thomas gère des anomalies détectées automatiquement par l'outil de sécurité déployé au sein de l'entreprise cliente. Il s'occupe des alertes de niveau 2 (il en existe trois en fonction de la gravité): intrusions dans les comptes mails, copies illicites de documents internes (souvent financiers), programmes malveillants essayant de s'introduire dans les serveurs... Quand il prend en charge un problème, il dispose de 4 heures maximum pour le traiter : il faut identifier la faille, stopper l'intrusion et préconiser de nouvelles règles pour contrer ce type d'attaque.

Améliorer la sécurité. Thomas surveille également en temps réel les événements informatiques relevés par le système de sécurité. L'analyse de ces historiques lui permet d'améliorer le paramétrage des remontées d'alertes. *« Installer des solutions de cybersécurité demande une veille active, mais aussi une grande sensibilisation des clients sur l'évolution des types d'alertes. »* En cybersécurité, la routine n'existe pas : *« On se sent utile au quotidien en accompagnant nos clients dans la protection de leurs systèmes d'information et de leurs données. C'est très satisfaisant ! »*

Quel salaire ?

Très attractif en raison de la pénurie de professionnels qualifiés, le salaire s'élève dès le début de carrière à 3000 € brut par mois.

Source : Apec (Association pour l'emploi des cadres).

Ça recrute ?

Les usages en ligne connaissant une croissance constante, les besoins en experts de la cybersécurité explosent. De nombreux recruteurs démarchent les étudiants directement durant leur formation. Développeur, analyst SOC, consultant en cybersécurité, hacker éthique... les profils recherchés sont variés. Les postes se situent principalement en Ile-de-France (7 offres sur 10).

Quelle évolution ?

Après quelques années d'expérience, deux types d'évolution sont possibles : prendre la responsabilité d'une équipe d'experts en cybersécurité ou assurer la direction d'un système d'information.

Quelles études ?

Pour accéder à ce type de fonction, un niveau bac+5 est requis.

Après le bac en 5 ans

- Diplômes d'**écoles d'ingénieurs** avec une spécialisation en sécurité informatique.
- À l'**université**, des masters en informatique ou réseaux et télécommunications proposent des parcours en sécurité des systèmes informatiques ou des systèmes d'information, en évaluation du risque, en cryptologie et sécurité informatique...

Retrouvez les études p. 78, 82.

INGÉNIEUR
CLOUD COMPUTING

© DR

Osama Maillal,
cloud architect
chez Cirruseo, part of Accenture, à Paris (75)

« C'est un domaine encore jeune, qui innove sans cesse. »

Dès son stage d'ingénieur, Osama a choisi de se spécialiser dans le *cloud computing*, qui consiste à fournir des services de stockage de données en ligne. Son rôle : accompagner chaque entreprise cliente dans sa stratégie de transformation digitale.

Des services concrets. Si Osama aime depuis toujours l'informatique, c'est sur le *cloud* qu'il a jeté son dévolu : *« C'est un domaine encore jeune, qui innove sans cesse et qui répond à des besoins concrets. »* Les missions sont variées : mise en place d'une plateforme commune de travail pour les salariés, sécurisation des données de l'entreprise, déploiement d'un système de messagerie... Le sens de l'écoute et une forte capacité d'analyse sont indispensables pour proposer la solution qui répond parfaitement aux besoins exprimés. Un travail d'équipe qui, selon l'ampleur du projet et la taille de la société, peut prendre de quelques semaines à plusieurs mois.

De la proposition au déploiement. Osama résume ses missions en quatre grandes phases : l'avant-vente, qui consiste à présenter au client plusieurs offres techniques ; l'animation d'ateliers pour recueillir les besoins de ce client ; l'analyse et l'élaboration d'une solution, qui nécessite parfois 1 mois de travail et de nombreux échanges avec ses collègues spécialisés dans différentes technologies ; enfin, le déploiement de la solution proposée. Le passage au *cloud* s'accompagne généralement d'une modernisation des pratiques de l'entreprise : *« C'est une grande satisfaction de constater l'impact de nos solutions et la valeur ajoutée qu'on a apportée »*, se réjouit Osama.

Se tenir au courant. Cette mission de conseil implique de connaître parfaitement toutes les solutions existantes et de bien préparer chaque atelier avec les clients pour être force de proposition. Pour rester à la pointe, il faut mener une veille active et se former en permanence. *« Chez Accenture, nous bénéficions d'une plateforme d'autoformation sur le* cloud. *Nous passons aussi régulièrement les certifications Google Cloud »*, conclut Osama.

Quel salaire ?

Le salaire s'élève à 3000 € brut par mois en début de carrière.

Source : étude de rémunérations 2020 du cabinet de recrutement Michael Page.

Ça recrute ?

Devenu stratégique, le stockage des données intéresse la plupart des entreprises. Les besoins en professionnels capables de les conseiller ne cessent de croître. De plus en plus de postes sont proposés chez les opérateurs français soucieux d'offrir une alternative aux grands groupes américains (Apple, Google ou Amazon), dont les données stockées sont soumises à la réglementation américaine.

Quels débuts ?

Les ingénieurs *cloud computing* trouvent leur place soit chez les prestataires (éditeurs de logiciels, fournisseurs de plateformes ou d'infrastructures...), soit dans les entreprises et administrations utilisatrices de services *cloud* ou souhaitant le devenir.

Quelles études ?

Pour exercer cette fonction, un niveau bac+5 est requis.

Après le bac en 5 ans

- Diplômes d'**écoles d'ingénieurs** généralistes ou spécialisés en informatique et réseaux.
- À l'**université**, plusieurs **masters** en informatique sont spécialisés en *cloud computing*.

À noter : certaines écoles d'ingénieurs proposent également des **mastères spécialisés** dans ce domaine, accessibles après un bac+5.

Retrouvez les études p. 78, 82.

ARCHITECTE D'APPLICATIONS MOBILES

© DR

Jérémie Fourmann,

architecte d'applications mobiles en charge de la recherche et du développement et cofondateur de Liberty Rider, à Toulouse (31)

« L'objectif est de créer au moins une mise à jour par semaine. »

Ingénieur en électronique et passionné d'informatique, Jérémie a créé une application mobile destinée aux motards. *« Liberty Rider détecte les accidents et prévient les secours, ce qui peut sauver des vies lorsqu'il s'agit d'accidents graves, en zone isolée, et que le conducteur n'est plus en capacité de le faire lui-même. »* Fondée avec trois associés, la start-up fait aujourd'hui travailler 20 personnes.

Amélioration des performances. Au quotidien, Jérémie travaille à l'amélioration constante de l'algorithme de détection des chutes. *« On peut toujours rendre plus performant le modèle de calcul statistique que l'on utilise. Notre matériau ? Les données de mouvement recueillies par les capteurs du téléphone (GPS, gyroscope et accéléromètre). »* D'autres fonctions ont également été ajoutées, comme le lancement automatique de l'application dès que la moto démarre : *« Des utilisateurs nous avaient signalé qu'il leur arrivait d'oublier de lancer l'application. »*

Design et ergonomie. Jérémie et ses équipes font aussi évoluer l'ergonomie de l'application, que ce soit pour simplifier l'accès au menu ou pour ajouter des fonctionnalités. *« Lorsque nous ajoutons une page de profils, pour que les utilisateurs inscrivent leurs coordonnées et les caractéristiques de leur moto, il faut tout définir : la place de la page dans le menu, les informations à recueillir, dans quel ordre... Nous avons constaté, par exemple, que le numéro de téléphone n'est pas toujours renseigné quand il est demandé en fin de page. »*

Développement technique. Jérémie divise chaque nouvelle fonctionnalité en plusieurs tâches de développement, de la mise en page aux différentes façons d'interagir : appuyer sur l'écran, faire glisser... Les développeurs se répartissent le travail, les uns se consacrant aux smartphones sous Android, les autres à l'iPhone. *« Cela peut prendre plus de 15 jours, selon la difficulté, mais on ne s'accorde pas plus de 1 mois et demi. L'objectif est de créer au moins une mise à jour par semaine, ce qui n'est pas forcément perçu par l'utilisateur. »*

€ Quel salaire ?

La rémunération varie selon l'expérience du professionnel et la taille de l'entreprise. *« Un débutant gagne entre 2 000 et 2 500 € net par mois »*, indique Jérémie.

Ça recrute ?

Les opportunités d'emploi sont nombreuses, que ce soit dans les groupes ou dans les start-up. On peut exercer au sein d'une agence digitale, dans une ESN (entreprise de services du numérique), ou encore chez un éditeur de logiciels.

Quels débuts ?

« Avant de passer à l'architecture mobile, il faut déjà avoir développé des applications, explique Jérémie. *4 à 5 mois sont nécessaires pour devenir un bon développeur. Et on ne doit pas oublier de suivre les évolutions techniques pour mettre régulièrement à jour ses compétences. »*

Quelles études ?

Ce métier requiert un niveau bac + 5 et une double compétence en informatique et en mathématiques. Par ailleurs, il faut maîtriser les technologies pour applications mobiles (Android et iOS) et se tenir au courant de leur évolution.

Après le bac en 5 ans

- À l'**université**, de plus en plus de **masters**, en science des données par exemple, associent l'informatique et les mathématiques.
- Diplômes d'**écoles d'ingénieurs** généralistes ou spécialisés en informatique.
- Quelques **écoles privées** spécialisées en informatique permettent également d'accéder au métier.

Retrouvez les études p. 78, 82, 84.

DÉVELOPPEUR

© DR

David Rimbault,
développeur Web
chez Overscan,
à Clermont-Ferrand (63)

« Grâce à mes solutions digitales, je permets à une entreprise de se développer. »

David exerce depuis 9 ans comme développeur Web au sein d'une agence spécialisée dans la réalisation de sites Internet et d'applications pour tous types d'organisations : entreprises de services, industries, commerces de proximité, restaurants… *« Les clients sont très variés, leurs demandes aussi. La routine ? Je ne connais pas ! »*

Feuille de route. Récemment, le jeune homme a créé un site Internet vitrine pour une entreprise industrielle qui fabrique et commercialise des équipements médicaux. Il y a intégré un certain nombre de fonctionnalités que l'entreprise avait demandées : une présentation de la société, le catalogue des produits, le formulaire de contact… *« Je propose une première version, puis une deuxième, jusqu'à la version finale qui doit donner entière satisfaction au client, tout en respectant les délais de livraison. »*

Lignes de code. David utilise un logiciel qui permet d'éditer du code. Selon les fonctionnalités qu'il doit créer, il définit la logique et la structure du site Internet. Pour cela, il utilise les différents outils que propose ce logiciel, comme l'aide à la saisie de code. *« C'est comme un traitement de texte avec toute une palette d'outils, sauf que je manipule des lignes de code et non du texte. »* Si David travaille seul pour la partie développement, il communique beaucoup avec ses collègues : *« Par exemple, le webdesigner me suggère des pistes de travail pour respecter la charte graphique du site. »*

D'un univers à l'autre. David passe l'essentiel de son temps devant son écran, ce qui est parfois fastidieux. Il aime néanmoins créer un site de A à Z en fonction des envies des clients. *« Je dois d'abord m'intéresser à leur secteur d'activité et à leur métier. Ensuite, comprendre les raisons pour lesquelles ils souhaitent créer ou améliorer un site Internet. C'est gratifiant car, grâce à mes solutions digitales, je permets à une entreprise de se développer ou à un petit commerce de proximité de se rendre visible sur le Web ! »*

Quel salaire ?

Un jeune développeur Web gagne entre 2000 et 2900 € brut par mois.

Source : étude de rémunérations 2020 du cabinet de recrutement Michael Page.

Ça recrute ?

Création ou rénovation des sites Internet pour les entreprises, création d'applications et de plateformes de vente en ligne... les besoins en développeurs sont importants. De nombreuses entreprises organisent des concours, ou hackathons, pour repérer et recruter les codeurs talentueux.

Quelle évolution ?

Après quelques années d'expérience, un développeur peut devenir chef de projet et encadrer une équipe de développeurs. Il peut aussi évoluer vers d'autres fonctions : consultant, administrateur de système ou de bases de données...

Quelles études ?

Plusieurs diplômes de niveau bac+2 ou bac+3 sont adaptés. L'alternance est fortement recommandée.

Après le bac en 2 ou 3 ans

- Le **BTS SIO** (services informatiques aux organisations) option solutions logicielles et applications métiers, en 2 ans après le bac, forme au développement.
- Le **BUT** mention **informatique**, en 3 ans après le bac, est une autre voie d'accès.
- Plusieurs **licences professionnelles** métiers du numérique ou métiers de l'informatique, en 3 ans après le bac ou en 1 an après un bac+2, offrent des spécialisations en conception et réalisation Web ou en applications Web.
- De nombreuses **écoles spécialisées en informatique ou digital** proposent également des formations en développement, de durée et de niveau variables. Certaines sont accessibles sans le bac et sans connaissances préalables.

Retrouvez les études p. 68, 71, 76, 84.

INTÉGRATRICE

© DR

Jennifer Calipel,
intégratrice Web indépendante

« Je dois être attentive à tous les détails de chaque maquette. »

Intégratrice Web en free-lance, Jennifer travaille actuellement pour Engie, qui a décidé de faire évoluer sa plateforme digitale d'achat d'énergie destinée aux entreprises. La jeune femme intervient après le webdesigner et avant les développeurs, pour réunir et assembler les différents éléments qui composent le site.

De la maquette à l'intégration. Partant d'un cahier des charges et respectant l'identité visuelle de l'entreprise, le webdesigner s'occupe de l'aspect graphique du site : couleurs, polices de caractères, animations, illustrations... Puis il envoie les maquettes à Jennifer : *« À l'aide des différentes technologies nécessaires (HTML, CSS, XHTML), je fabrique les pages Web à partir de ces prototypes visuels. »* Jennifer doit suivre scrupuleusement la charte graphique (style des caractères, couleurs...). Ensuite, les développeurs prennent la main pour créer les fonctionnalités du site.

Avoir l'œil. Compatibilité entre les navigateurs et les différents types d'écran (tablettes, téléphones, ordinateurs...) : Jennifer jongle avec de nombreuses contraintes. À chaque étape, elle utilise différents outils : éditeur de code, logiciel de mise en page... Son travail ne se limite pourtant pas à des manipulations informatiques : *« Il faut avoir l'œil et être très minutieux. Je dois être attentive à tous les détails de la maquette, ce qui me conduit à échanger régulièrement avec le webdesigner pour peaufiner la mise en page avant que les développeurs ne prennent la main. »*

Culture Web. *« J'ai toujours aimé les écrans et j'adore surfer sur le Net ! »* Devenue intégratrice, Jennifer possède une grande culture Web : *« C'est indispensable pour exercer ce métier, car tout évolue très vite dans ce domaine. Il faut en permanence actualiser ses connaissances. »* Capable de comprendre les contraintes techniques des projets en cours, elle sait aussi être force de proposition en matière de design Web *« pour créer un site harmonieux et esthétique »*.

Quel salaire ?

Un jeune intégrateur Web débutant gagne autour de 2 200 € brut par mois.

Source : étude de rémunérations 2020 du cabinet de recrutement Hays.

Ça recrute ?

Les emplois sont au rendez-vous, notamment à Paris et dans quelques régions qui concentrent les agences digitales et les grandes entreprises d'Internet.

Quelle évolution ?

Avec de l'expérience et/ou une formation complémentaire, l'intégrateur Web peut évoluer vers des fonctions de développeur, de traffic manager, de webmaster, voire de chef de projet.

Quelles études ?

Pour exercer ce métier, un niveau bac + 2 ou bac + 3 est requis. Les formules en alternance sont très indiquées dans ce secteur.

Après le bac en 2 ou 3 ans

- Le **BTS SIO** (services informatiques aux organisations) option solutions logicielles et applications métiers, en 2 ans après le bac, est la formation de base du domaine.
- Le **BUT** mention **MMI** (métiers du multimédia et de l'Internet), en 3 ans après le bac, est une autre voie d'accès.
- Les **licences professionnelles** métiers du numérique : conception, rédaction et réalisation Web, en 3 ans après le bac ou en 1 an après un bac + 2, sont également adaptées.
- De nombreuses **écoles spécialisées en informatique ou digital** proposent également des formations en techniques du Web, de durée et de niveau variables. Certaines sont accessibles sans le bac et sans connaissances préalables.

Retrouvez les études p. 68, 71, 76, 84.

TESTEUR

© DR

Hugo Parra,
testeur fonctionnel,
consultant chez Alteca,
à Lyon (69)

« Ma mission ? Garantir la meilleure qualité possible aux applications. »

Consultant, Hugo est actuellement en mission chez SEB, le fabricant de petit électroménager. Son rôle : tester les nouvelles applications liées aux appareils connectés que la marque conçoit et développe. *« Je vérifie le bon fonctionnement des applications avant leur déploiement et, bien sûr, avant la commercialisation du matériel. »*

Dans la peau du consommateur. Multicuiseur piloté par l'utilisateur depuis sa tablette ou son téléphone, balance de cuisine connectée à une application de recettes, aspirateur robot… les développeurs codent les fonctionnalités des applications, puis installent une première version sur un téléphone pour que Hugo puisse faire les tests. *« Je me mets dans la peau du consommateur. Je vérifie toutes les situations possibles d'utilisation. »* Bugs, dysfonctionnements, anomalies… rien n'échappe à Hugo. *« Mes tests ont pour but de garantir la meilleure qualité possible à chaque produit. »*

Pas droit à l'erreur. Hugo teste également les versions successives des applications existantes. Et lorsque de nouvelles fonctionnalités sont introduites, il veille à ce que les habitudes des utilisateurs ne soient pas trop perturbées. Dès qu'il repère la moindre anomalie, il la signale au développeur et au webdesigner qui interviennent pour la corriger. Puis il réalise à nouveau des tests, et ainsi de suite jusqu'à être sûr à 100 % du bon fonctionnement de l'application. Pas droit à l'erreur, ni à l'oubli : *« Les applications ne sont déployées sur les* stores *que si les tests sont concluants ! »*

Rigueur et patience. Hugo passe l'essentiel de son temps devant son écran d'ordinateur ou de smartphone. *« Ce n'est pourtant pas routinier, car j'ai de nombreux produits et applications à tester. »* Et, du graphisme aux fonctionnalités, il doit prendre en compte la globalité du produit et ne rien laisser au hasard : *« Être féru des nouvelles technologies ne suffit pas, il faut être très rigoureux et patient ! »*

Quel salaire ?

À partir de 2000 € brut par mois, salaire variable en fonction des entreprises.

Source : Apec (Association pour l'emploi des cadres).

Ça recrute ?

Un temps cantonné dans l'informatique industrielle, le testeur est aujourd'hui sollicité plus largement : par les ESN (entreprises de services du numérique), les agences digitales, les éditeurs de sites de commerce électronique, les studios de développement de jeux vidéo, les cabinets spécialisés dans le test...

Quelle évolution ?

Après quelques années d'exercice comme testeur fonctionnel sur des projets simples, il est possible d'évoluer vers des postes de responsable qualité et méthodes, de directeur technique dans une ESN (entreprise de services du numérique) ou chez un éditeur de logiciels.

Quelles études ?

Longtemps ouvert aux autodidactes, le métier se professionnalise. Les recruteurs recherchent des diplômés de niveau bac+2 à bac+5, selon la complexité des tests et des domaines d'application. Les formules en alternance sont recommandées.

Après le bac en 2 ou 3 ans

- Le **BTS SIO** (services informatiques aux organisations) option solutions logicielles et applications métiers, en 2 ans après le bac, est la formation de base du domaine.
- Les BUT mention **informatique** ou réseaux **et télécommunications**, en 3 ans après le bac, sont d'autres voies d'accès.
- Plusieurs **licences professionnelles** métiers du numérique ou métiers de l'informatique, en 3 ans après le bac ou en 1 an après le bac+2, sont adaptées.
- De nombreuses **écoles spécialisées en informatique ou digital** proposent également des formations en développement, de durée et de niveau variables. Certaines sont accessibles sans le bac et sans connaissances préalables.

Après le bac en 5 ans

- Diplômes d'**écoles d'ingénieurs** avec une spécialisation en informatique.
- **Masters d'université** en informatique.
- Diplômes d'**écoles spécialisées en informatique ou digital**.

Retrouvez les études p. 68, 71, 76, 78, 82, 84.

INGÉNIEUR EN RÉALITÉ VIRTUELLE

© DR

Erdal Gunyar,
ingénieur en réalité virtuelle chez Omnisense, à Paris (75)

« Quel plaisir d'arriver à faire ressentir des sensations nouvelles ! »

Après 10 années passées dans le domaine du Web et des applications, Erdal a lancé sa start-up et développe des expériences de réalité virtuelle pour des salles de jeux. Saut à l'élastique sur Mars, traversée d'une forêt hantée… grâce à lui, le public se téléporte dans des univers surréels.

Concevoir un univers. Doté d'une formation d'ingénieur avec une majeure en nouvelles technologies et innovation, Erdal a eu le déclic pour la réalité virtuelle : *« J'ai eu envie de changer de cap et la réalité virtuelle m'offrait des perspectives très stimulantes. »* Plutôt que d'intégrer un studio de création, il fait le choix de créer sa start-up et de développer un concept d'expériences immersives sollicitant les cinq sens, y compris l'odorat : *« Quel plaisir d'arriver à faire ressentir des sensations nouvelles comme celle d'être traversé par un fantôme ou de marcher au-dessus de la lave bouillonnante ! »*

Un travail d'équipe. Une fois l'expérience à vivre définie et le *game-play* (scénario du jeu) stabilisé, Erdal démarre le développement en binôme avec un autre ingénieur en réalité virtuelle. En parallèle, l'infographiste réalise la modélisation 3D. Erdal insiste d'ailleurs sur les interactions constantes entre eux : *« Pour rendre crédible chaque expérience développée, il faut une parfaite concordance entre les images, le son et les sensations éprouvées. Nous coordonnons la modélisation et le code pour ajuster en permanence le rendu final. »*

Tester chaque élément. Marcher sur une plateforme au-dessus de la lave, déposer une capsule spatiale à un endroit précis… autant de scènes à tester. *« Les tests fonctionnels sont très plaisants, car on expérimente concrètement ce qu'on a conçu avec un casque de réalité virtuelle et des gants haptiques pour ressentir le toucher. »* Il faut également mener des tests techniques au fil de l'eau. Une fois le monde virtuel déployé, Erdal enfile sa seconde casquette : celle de dirigeant de start-up pour commercialiser son produit auprès des parcs d'attractions et des salles de jeux.

Quel salaire ?

Un ingénieur en réalité virtuelle gagne environ 3000 € brut par mois, selon Erdal.

Ça recrute ?

La demande en ingénieurs en réalité virtuelle ne cesse d'augmenter. Leur expertise est recherchée dans les jeux vidéo, l'avionique, l'automobile, les transports, la santé, mais aussi dans de nombreux autres secteurs comme le tourisme ou la formation.

Quels débuts ?

Multiplier les expériences dans la modélisation 3D permet d'accéder au domaine de la réalité virtuelle.

Quelles études ?

Un diplôme de niveau bac+5 est requis pour accéder à ce métier.

Après le bac en 5 ans

- À l'**université**, plusieurs **masters** en informatique, création numérique ou sciences pour l'ingénieur offrent des parcours en réalité virtuelle (réalité virtuelle et systèmes intelligents à l'université de Paris-Saclay ou simulation et réalité virtuelle à Sorbonne Université).
- Certaines **écoles d'ingénieurs** proposent des spécialisations en réalité virtuelle (Efrei Paris, Epita, Esiea...).
- Les **écoles spécialisées en informatique** ont également des formations dans ce domaine (Epitech, École Ipssi...).

Retrouvez les études p. 78, 82, 84.

UX/UI DESIGNER

© DR

Adrien Guérin,
UX designer free-lance, à Paris (75)

« Améliorer l'expérience de l'utilisateur. »

Après avoir été designer industriel, Adrien s'est reconverti dans l'UX design. *« Aujourd'hui, le numérique est partout. Nous évoluons dans un environnement complexe, qui demande à être simplifié. L'UX design a pour but d'améliorer l'expérience des utilisateurs »*, explique-t-il.

Analyse et modélisation. En témoignent les projets menés par Adrien ces dernières années: concevoir la signalétique d'une ligne de RER, créer des interfaces mobiles grand public pour un groupe autoroutier ou encore repenser l'interface homme-machine dans une usine. Dans un premier temps, ce professionnel analyse les comportements des utilisateurs et mène des entretiens (phase de l'*user research*). *« J'identifie les attentes, les besoins, les points qui posent problème... À partir de cela, je rédige des fiches profils par utilisateurs et je modélise des parcours, à la manière d'un* storyboard. *Je vois alors où l'on peut agir pour améliorer l'expérience, en proposant par exemple un nouveau service ou une nouvelle interface. »*

Du papier à l'écran. Adrien fait les premières ébauches et échange avec le client lors d'ateliers *(workshops)* pour parvenir à dessiner les contours de la future interface. Ensuite, différentes maquettes sont réalisées sur logiciel, d'abord fonctionnelles (schémas de la structure de l'interface), puis interactives. Après des tests utilisateurs, des designers d'interface (spécialisés en UI) et des développeurs prennent le relais pour donner vie à l'interface. *« Le design d'interface se concentre davantage sur le graphisme (éléments visuels, couleurs, typographie...). L'UX et l'UI sont des domaines très liés. Il m'arrive, sur certains projets, de réaliser les deux. »*

Adaptabilité. *« Ce métier exige de l'empathie et une grande curiosité. Il faut aimer se plonger dans un univers qu'on ne maîtrise pas toujours totalement ! »* raconte Adrien, qui s'est récemment intéressé au fonctionnement d'une ligne de production de bobines de filaments pour la fibre optique ou encore sur le système de tri des bagages dans un aéroport. Et de conclure : *« Ce que j'apprécie dans l'UX design, c'est que chaque projet est différent et exige un regard neuf. »*

€ Quel salaire ?

Un UI designer démarre à 2600 € brut par mois ; un UX designer à 3000 € brut par mois.

Source : étude de rémunérations 2020 du cabinet de recrutement Michael Page.

Ça recrute ?

Les profils d'UX et d'UI designers sont recherchés. La majorité exerce comme salarié, le plus souvent en agence. 25 % exercent en indépendant (free-lances, auto-entrepreneurs).

Quels débuts ?

Adrien a exercé 4 ans au sein de l'agence Attoma, spécialisée dans l'expérience utilisateur, avant de se lancer en indépendant : *« J'avais fait le tour du travail en agence. Ayant occupé les fonctions de chef de projet, je savais mener une mission de A à Z et je possédais un bon carnet d'adresses. »*

Quelles études ?

Dans ce métier, les profils sont très divers : certains UX designers ont suivi un cursus en marketing ; d'autres, en psychologie, ergonomie ou design. Quelle que soit la filière suivie, pour espérer se faire une place, mieux vaut avoir un niveau bac + 5.

Après le bac en 3 à 5 ans

- Le DN MADE mention **numérique** ou **graphisme**, en 3 ans après le bac, est le diplôme de base. Il permet de poursuivre en DSAA **design** ou en master.
- L'**université** délivre des **masters** dédiés (design d'interface à l'université de Toulon, par exemple).
- Beaucoup de professionnels se sont formés en design interactif et/ou création webdesign dans une **école de graphisme ou de design** (École de l'image-Gobelins, École de design Nantes Atlantique...) ou en école du digital.

Retrouvez les études p. 78, 88.

WEBDESIGNER

© DR

Sophie Verney,
webdesigner
chez Showroomprivé,
à Paris (75)

« Créer une page Web en adéquation avec le message à faire passer. »

Quand Sophie crée une page Web, son objectif est toujours le même : faire passer le message voulu par la marque et inciter l'internaute à cliquer. Chez Showroomprivé, elle a pour mission de créer des sites *one page* (une seule page Web contenant l'ensemble des contenus dédiés aux produits ou offres à promouvoir). Éphémères, ses créations ne restent en ligne que 2 ou 3 jours.

Donner envie. À partir du *brief* fourni par le chef de projet, Sophie fait des recherches sur le ton à adopter, le style, la typographie, la structure et les visuels à utiliser. Ensuite, elle réalise un *zoning* (structure de la page en noir et blanc avec des blocs positionnés) puis des *wireframes* (maquettes fonctionnelles), qu'elle envoie à la marque pour validation. *« Sur le Web, les éléments les plus importants sont toujours placés en haut de page,* précise Sophie. *Pour une opération commerciale du TGV Lyria, j'ai mis le visuel d'un paysage suisse en pleine page, avec les prix, pour créer une immersion et donner envie aux internautes de partir. J'ai aussi intégré des boutons cliquables comme "Je découvre" ou "J'en profite" qui renvoient sur le site de la marque pour permettre de bénéficier de l'offre le plus rapidement possible. »*

Sur mobile ou ordinateur. Sophie doit penser sa page de plusieurs façons, car, selon le support utilisé, la maquette ne sera pas la même : on parle de *responsive webdesign* (site adaptatif). *« Pour une lecture sur ordinateur, on peut être plus créatif, car on a plus d'espace, plus d'options de mise en page. Pour une lecture sur mobile, il y a davantage de contraintes. Il faut être le plus efficace possible. On met par exemple beaucoup de sliders (bannières où l'on peut faire défiler les images) afin que l'internaute "scrolle" le moins possible. Autrement dit, qu'il n'ait pas besoin de dérouler la page jusqu'au bas de l'écran pour trouver un contenu. »*

Un site vivant. L'animation de la page est essentielle pour rendre le site attrayant. *« On peut mettre une vidéo en ouverture, faire en sorte que les boutons cliquables nous suivent dans la page, faire apparaître des visuels et du texte au défilement de la page, mêler visuels fixes et visuels animés… Il faut être innovant pour capter l'attention et proposer une expérience. »*

Quel salaire ?

Un webdesigner gagne entre 2600 et 3100 € brut par mois en début de carrière. Les revenus varient selon le lieu d'exercice et l'expérience.

Source : étude de rémunérations 2020 du cabinet de recrutement Michael Page.

Ça recrute ?

À l'heure du « tout Internet », de nombreuses entreprises, agences ou collectivités ont besoin de webdesigners pour faire passer un message dans un « écrin » graphique.

Quels débuts ?

Une fois diplômée, Sophie a choisi de s'installer à Londres : *« Je voulais parfaire mon anglais, indispensable dans ce milieu, et m'ouvrir culturellement »*, explique-t-elle. Elle débute dans une agence, puis exerce en free-lance. Revenue à Paris, elle obtient un poste de webdesigner chez Sarenza, puis, au bout d'un an, rejoint Showroomprivé.

Quelles études ?

Plusieurs voies permettent de se former au webdesign. Néanmoins, mieux vaut viser un niveau bac + 5 pour les postes de conception.

Après le bac en 3 à 5 ans

- Le DN MADE mention numérique ou graphisme, en 3 ans après le bac, est le diplôme de base. Il permet de poursuivre en DSAA **design** (bac + 5) ou en master.
- L'**université** délivre des **masters** en design d'interface ou en création numérique, par exemple.
- Certaines **écoles de graphisme** proposent des cursus en 3 à 5 ans après le bac, comportant une spécialisation en webdesign.

Retrouvez les études p. 78, 88.

DATA SCIENTIST

© DR

Sydney Becu,
consultant ingénieur *big data* et data scientist chez Lincoln (groupe Alten), à Boulogne-Billancourt (92)

« Mes calculs permettent de traiter des centaines de milliers de données. »

Consultant spécialisé dans le *big data*, Sydney analyse des masses de données volumineuses pour ses clients. Cet ingénieur statisticien utilise pour cela des méthodes informatiques, une double compétence qu'il a développée à l'Ensai*.

Recueil de données. Aider la SNCF à ajuster ses horaires de trains aux besoins des usagers, analyser pour la Fnac les achats de ses clients afin de recommander des produits selon les profils… en mission de quelques mois à 1 an chez ses clients, Sydney les aide à résoudre différentes problématiques grâce à l'exploitation de données. Son travail commence par l'identification des informations disponibles. *« Se constituer une base de travail est la phase la plus longue*, analyse le jeune homme. *Dans le bâtiment, par exemple, les sources sont souvent des documents manuscrits numérisés, qu'il faut transcrire en données exploitables. »*

Calculs de prédiction. Sydney cherche ensuite comment utiliser au mieux et mettre en relation ces données. *« Pour définir les horaires des trains, par exemple, mes calculs s'appuient sur les créneaux indiqués lors des recherches Web, en comparaison avec les billets finalement achetés. La* data science *permet de traiter automatiquement des centaines de milliers de données, qui n'étaient pas prévues pour cet usage au départ. »* Il conçoit ensuite les algorithmes qui identifient quel horaire est susceptible d'intéresser tel ou tel client.

Innover. Nouvelle mission, menée en collaboration avec un développeur : améliorer un algorithme pour la SNCF. *« Celui-ci permettra d'anticiper le temps de retard des trains en vue d'alerter les voyageurs via une application mobile. »* Sydney examine pour cela l'historique de circulation des 3 dernières années. *« On part des retards accumulés dans le passé sur un même trajet pour prédire ce qui va arriver. »* Et le jeune homme de conclure : *« Au-delà de la demande initiale du client, notre rôle est aussi de proposer de nouvelles idées. »*

* École nationale de la statistique et de l'analyse de l'information, à Bruz (35)

Quel salaire ?

De 2900 à 3700 € brut par mois pour un débutant. Cette rémunération varie selon le niveau de diplôme et la taille de l'entreprise.

Source : étude de rémunérations 2020 du cabinet de recrutement Michael Page.

Ça recrute ?

Les consultants *big data* sont très recherchés par les ESN (entreprises de services du numérique) et, de plus en plus, par les entreprises des secteurs de la banque, de l'assurance et de l'e-commerce, les groupes industriels et la grande distribution.

Quels débuts ?

« Avant d'être recruté en CDI, j'ai effectué un stage de fin d'études de 6 mois dans la société où je travaille actuellement, raconte Sydney. *Beaucoup d'entreprises proposent des stages dans le domaine du* big data *et ces stages débouchent souvent sur un emploi. »*

Quelles études ?

Ce métier requiert une double compétence en informatique et en analyse statistique de données.

Après le bac en 5 ou 6 ans

- À l'**université**, de nombreux **masters** en informatique ou mathématiques et informatique appliquées aux sciences humaines et sociales proposent des parcours en science des données.
- La plupart des **écoles d'ingénieurs** offrent cette spécialisation en fin de cursus.

À noter : certaines écoles d'ingénieurs ou de commerce proposent également des **mastères spécialisés** dans ce domaine, accessibles après un bac+5.

Retrouvez les études p. 78, 82.

DÉLÉGUÉ À LA PROTECTION DES DONNÉES

© DR

Victor Larger,
délégué à la protection des données à France Université Numérique, à Paris (75)

« Il faut toujours avoir à l'esprit le concept de protection des données personnelles. »

Depuis 2 ans, Victor exerce au sein de France Université Numérique, qui propose près de 550 MOOC et compte plus de 6 millions d'inscrits. En tant que DPD (délégué à la protection des données), il doit garantir la confidentialité des données personnelles de chaque utilisateur et faire respecter la réglementation en vigueur.

Sensibiliser, informer. Combien de temps peut-on conserver les mails et coordonnées des utilisateurs ? Comment assurer la protection de ces données ? Autant de questions auxquelles Victor doit sensibiliser sa direction, le service informatique comme l'ensemble des collaborateurs de la plateforme. *« Au-delà d'une mise en conformité, il faut avoir à l'esprit le concept de protection des données personnelles dans tout projet ou process interne »*, précise Victor. Cela passe par des réunions d'information et des supports de communication. *« Je développe actuellement un MOOC sur la protection des données dans l'enseignement supérieur »*, explique Victor.

Créer des procédures. Qui dit réglementation dit procédures à créer et à faire appliquer. *« L'une concerne, par exemple, les modalités de conservation des données ; une autre, la conduite à tenir en cas de faille de sécurité sur la plateforme. »* Chaque fois, Victor commence par observer les pratiques internes, puis examine comment faire en sorte que les règles soient comprises et prises en compte par les équipes. Chaque nouveau projet est l'occasion de s'interroger sur la sécurité des données. *« Un enjeu majeur, car la Cnil audite régulièrement les organismes publics comme les entreprises. Et les sanctions financières sont sévères. »*

Se tenir à jour. Si cette fonction ne représente qu'un quart de son activité professionnelle, la veille législative et les échanges avec ses pairs sont au cœur de son quotidien. *« La diversité de nos profils (métier technique, juridique ou autre) et de nos approches permet de confronter nos méthodes, de les affiner, d'en explorer de nouvelles. Avec, comme fil conducteur, le respect du RGPD »*, précise-t-il.

Quel salaire ?

Un débutant gagne environ 2000 € brut par mois, selon Victor.

Ça recrute ?

Tout organisme public est tenu par le RGPD de désigner un DPD (délégué à la protection des données). Il en est de même pour toute entreprise privée traitant des données à grande échelle, des informations sensibles ou réalisant un suivi régulier des personnes (santé, banque, assurance, e-commerce...). En 2020, la France comptait 22000 DPD.

Quels débuts ?

Ce métier s'exerce souvent après des débuts professionnels dans le domaine juridique, informatique/numérique ou administratif. Près de 70% des DPD occupent leurs fonctions à temps partiel, poursuivant le reste du temps leur activité première (juriste, responsable de la sécurité informatique, responsable qualité...).

Quelles études ?

Il n'existe pas de parcours type permettant d'accéder directement à un poste de délégué à la protection des données. Néanmoins, de plus en plus de formations y préparant sont créées.

Après le bac en 5 ou 6 ans

• Des **diplômes universitaires** de délégué à la protection des données sont proposés dans plusieurs universités (université de Franche-Comté, université de Paris 2 Panthéon-Assas, université de Paris Nanterre, université de technologie de Troyes...). En 1 an après un bac+4.

• Quelques **écoles d'ingénieurs** (Esiea, Isep) proposent des **mastères spécialisés** dans ce domaine, en 1 an après un bac+5.

À savoir: il est possible d'obtenir une **certification** de délégué à la protection des données auprès d'organismes agréés par la Cnil.

Retrouvez les études p. 78, 82.

INGÉNIEURE EN INTELLIGENCE ARTIFICIELLE

© DR

Céline Lobry,
data engineer
chez Cardiologs,
à Paris (75)

« L'IA se réinvente chaque jour. Il faut être ouvert et aimer travailler en équipe. »

Après une licence de mathématiques et un diplôme d'ingénieur en informatique, Céline a choisi de travailler dans l'IA (intelligence artificielle) pour le secteur de la santé. Au quotidien, elle contribue à améliorer un logiciel qui aide les cardiologues à détecter des anomalies, et ainsi à poser plus rapidement un diagnostic.

Comparer des données. Dans son entreprise, tous les ingénieurs ont reçu une formation de base en cardiologie. Leur défi ? Concevoir des programmes informatiques toujours plus efficaces pour repérer des problèmes cardiaques lors d'examens médicaux. *« La solution développée par Cardiologs s'appuie sur une base de plus de 5 millions d'électrocardiogrammes. L'intelligence artificielle permet l'analyse et l'apprentissage à partir de cette quantité massive de données. »*

Une amélioration permanente. Céline mène plusieurs projets en parallèle. Pour chacun d'eux, elle commence par préparer les données qu'elle veut analyser, fait des annotations scientifiques (en assignant une valeur correspondant à la présence ou non d'une anomalie, par exemple), puis commence l'écriture du code et des algorithmes. *« S'il est aisé de fixer une durée pour les annotations, c'est plus complexe de s'arrêter quand on code. Je livre une première version du code, assez brute mais qui fonctionne parfaitement. Ensuite, je l'améliore, jusqu'à proposer la visualisation des résultats sous forme de graphes, par exemple. »* Récemment, Céline a rédigé le code permettant d'évaluer la performance de la détection de plusieurs arythmies.

Un travail d'équipe. Des réunions d'équipe jalonnent les journées des ingénieurs. *« Faire le point sur le travail réalisé, les difficultés rencontrées, les codes aboutis, est essentiel pour améliorer continuellement la solution proposée aux cliniciens. »* Le travail en *open space* favorise également les échanges et le partage d'informations. *« L'intelligence artificielle se réinvente chaque jour. Il faut être ouvert et aimer travailler en équipe, vu la complexité des projets. J'ai la chance d'être dans une équipe très soudée. C'est stimulant ! »* conclut Céline.

Quel salaire ?

Un ingénieur en IA (intelligence artificielle) gagne environ 3 500 € brut par mois en début de carrière, selon Céline.

Ça recrute ?

L'intelligence artificielle gagne tous les secteurs grâce à la production de données toujours plus massives. Le nombre de postes a été multiplié par 16 au cours des 4 dernières années selon une étude menée en 2020 par LinkedIn.

Quels débuts ?

Les besoins sont tels en santé, mais aussi dans la banque, l'assurance ou l'automobile (avec les projets de véhicules autonomes), qu'il ne faut pas hésiter à aller vers ses centres d'intérêt. L'intelligence artificielle investit même le prêt-à-porter : des entreprises comme Heuritech développent des solutions de prévision des tendances.

Quelles études ?

L'intelligence artificielle exige au minimum un niveau bac+5 en informatique et/ou en mathématiques.

Après le bac en 5 ans

- Les **écoles d'ingénieurs** sont de plus en plus nombreuses à proposer des spécialisations en intelligence artificielle.
- À l'**université**, plusieurs **masters** en informatique offrent des parcours en science des données et intelligence artificielle (universités d'Artois, de Bourgogne, de Cergy-Pontoise, de Paris-Saclay...).

Après le bac en 6 à 8 ans

- Certaines **écoles d'ingénieurs** proposent également des **mastères spécialisés** en intelligence artificielle, accessibles après un bac+5.
- À l'**université**, il est également possible de préparer un **doctorat** en intelligence artificielle, en 3 ans après un bac+5.

Retrouvez les études p. 78, 82.

COMMUNITY MANAGER

© DR

Clémence Boutillot,
community manager
à l'UCPA, à Paris (75)

« On ne publie pas n'importe quoi, on a une vraie responsabilité ! »

Diplômée de l'Istec, école de commerce post-bac, Clémence a multiplié les expériences dans le marketing digital, avant d'être recrutée comme community manager à l'UCPA. Proposant aux jeunes une vaste gamme de séjours en France et dans le monde, l'association sportive rassemble une large communauté sur les réseaux sociaux.

À l'écoute des clients. Site communautaire, page Facebook, mais aussi comptes Twitter, Instagram, YouTube, LinkedIn... *« Nous comptons environ 600 000 abonnés »*, confie Clémence. Avec une autre community manager, elle répond aux questions des internautes. *« Il peut s'agir d'une demande sur notre offre de séjours comme d'une question sur une réservation. Il faut être réactif et répondre dans la journée. Cela m'oblige à travailler étroitement avec les autres services. »*

Animation des réseaux. Susciter les échanges avec les abonnés, c'est l'autre volet du métier. Pour y parvenir, elle crée des contenus attractifs, qu'elle décline différemment selon le réseau : *« Photos et anecdotes de vacances sur Facebook, courtes vidéos sur Instagram, relais institutionnels sur Twitter... j'adapte la forme de mes posts au support. Si j'utilise volontiers l'humour sur Instagram, je privilégie un ton neutre sur LinkedIn. On ne publie pas n'importe quoi, on a une vraie responsabilité ! »* Il faut aussi faire connaître les nouveautés de l'UCPA : *« Nous tenons un blog, sur lequel nous diffusons des contenus plus longs. Ainsi, à l'approche de l'hiver, je rédige un article sur le hors-piste, par exemple. »*

Toujours en veille. *« Les usages du digital évoluant très vite, nous devons mener une veille permanente. Je me tiens informée des dernières fonctionnalités de tel ou tel réseau social. Je guette également les tendances lancées par les influenceurs dans le domaine du voyage... »* Si le métier exige d'être à l'aise avec les outils techniques (Photoshop, logiciels de montage vidéo...), il requiert aussi une orthographe et une syntaxe irréprochables : *« Il en va de l'image de l'UCPA sur le Web »*, confirme Clémence.

Quel salaire ?

Entre 2200 et 2700 € brut par mois, en début de carrière, selon le niveau de diplôme et la taille de l'entreprise.

Source : étude de rémunérations 2020 du cabinet de recrutement Michael Page.

Ça recrute ?

Avec la montée en puissance des réseaux sociaux, les compétences des community managers sont devenues indispensables. Ce métier figure parmi les cinq les plus recherchés en 2020, d'après l'enquête du réseau professionnel LinkedIn. On compte environ 400000 community managers en poste, tous secteurs confondus, selon l'Observatoire Com Média.

Quelle évolution ?

Après plusieurs années d'exercice, les community managers peuvent évoluer vers des fonctions de traffic manager. Dans les entreprises d'une certaine taille, ils peuvent accéder à celles de social media manager pour encadrer une équipe de community managers.

Quelles études ?

Ce métier est accessible après un bac+3, mais la plupart des recrutements se font aujourd'hui à bac+5. Maîtriser l'anglais est impératif.

Après le bac en 3 ans

- Les BUT mention **information-communication** parcours communication des organisations ou **MMI** (métiers du multimédia et de l'Internet), en 3 ans après le bac, donnent accès au métier.
- Les **licences professionnelles** métiers de la communication, en 3 ans après le bac, ou en 1 an après un bac+2, préparent également à la communication digitale.
- Plusieurs **écoles de communication** (Hetic, Estacom...) **ou du digital** proposent des **bachelors** dans ce domaine.

Après le bac en 5 ans

- A l'**université**, de nombreux **masters** sont spécialisés en information, communication ou marketing, vente.
- Les **écoles de communication, de commerce** ou **du digital**, ou encore certains **IEP** (instituts d'études politiques) dispensent des formations de niveau bac+5 en communication digitale.

Retrouvez les études p. 71, 76, 78, 84, 86.

CONSULTANTE EN MARKETING DIGITAL

© DR

Céline Le Bellego,
consultante
en marketing digital
à l'agence iProspect,
à Genève (Suisse)

« Il faut être à l'écoute du client pour lui proposer la stratégie la plus adaptée. »

Après 6 ans d'expérience en marketing digital au sein de diverses entreprises, Céline a rejoint le conseil. *« Je voulais découvrir d'autres facettes du métier. »* Elle est aujourd'hui consultante chez iProspect, une agence suisse spécialisée dans la performance digitale.

Définir la stratégie. Son client le plus important ? Une école de commerce à Lausanne. *« Souhaitant rayonner à l'international, cet établissement a fait appel à moi pour renforcer son image de marque en ligne et promouvoir ses programmes et événements via des campagnes de publicité. Nous échangeons très régulièrement. Il faut être à l'écoute du client pour proposer la stratégie digitale la plus adaptée à ses objectifs et à son budget. »*

Actionner les bons leviers. Une fois les attentes comprises, Céline met en œuvre sa stratégie. *« Premier levier : les campagnes publicitaires sur les réseaux sociaux (Facebook, LinkedIn...). Récemment, l'école voulait communiquer sur des formats de cours innovants. J'ai donc lancé une campagne sur les réseaux sociaux pour les faire connaître et inciter les gens à s'y inscrire. »* Autre levier ? Le référencement payant, qui permet de remonter dans les résultats des moteurs de recherche. *« Je choisis des mots-clés liés aux programmes que mon client veut promouvoir. Puis j'achète ces mots-clés sur Google Ads, afin que mes annonces sur ces cursus s'affichent en bonne place quand un internaute fait une recherche avec ces termes. »*

Analyser les performances. Avec le Web, l'avantage, c'est que tout peut être mesuré instantanément grâce aux logiciels de tracking, qui comptabilisent le moindre clic. *« Quand la campagne débute, j'évalue en temps réel son impact : nombre d'internautes ayant cliqué sur la publicité ou ayant rempli un formulaire de demande d'informations... Cela me permet d'ajuster le tir, de supprimer par exemple une bannière animée au profit d'une publicité vidéo, si la seconde a plus de succès. »* Une qualité indispensable ? *« La polyvalence, car il faut jongler entre plusieurs campagnes, aux problématiques différentes. C'est cette diversité des missions qui fait la richesse du métier ! »*

→ Découvrez le parcours de Céline p. 94.

Quel salaire ?

Entre 3 300 et 4 200 € brut par mois. Des variations existent selon le niveau de diplôme, l'expérience et la taille de l'agence marketing.

Source : étude de rémunérations 2020 du cabinet de recrutement Michael Page.

Ça recrute ?

Indispensable pour assurer un bon référencement et promouvoir son image de marque, le marketing digital représente aujourd'hui un investissement prioritaire pour les entreprises. Stratégiques, les compétences des consultants en marketing digital sont donc recherchées. Les candidats ayant grandi avec les réseaux sociaux partent avec une longueur d'avance.

Quels débuts ?

Plusieurs années d'expérience sont nécessaires avant de pouvoir faire du conseil en stratégie. Les consultants en marketing digital peuvent avoir débuté côté annonceur, à des postes de traffic manager ou de chef de projet e-marketing, par exemple.

Quelles études ?

Un niveau bac+5 est recommandé pour accéder à ce métier. De solides bases en marketing, alliées à des connaissances techniques dans le digital, sont en effet requises.

Après le bac en 5 ans

- À l'**université**, de nombreux **masters** en marketing, vente forment au marketing digital.
- La plupart des **écoles de commerce** délivrent des formations valant grade de master proposant des spécialisations en stratégie digitale ou e-business.
- Les **écoles du digital** (Hetic, IIM...) et certaines **écoles de communication** (Efap, Iscom...) dispensent également des formations de niveau bac+5 spécialisées en marketing ou en influence digitale.

Retrouvez les études p. 78, 84, 86.

TRAFFIC MANAGER

© DR

Anthelme Risser,

traffic manager affiliation chez ManoMano, à Paris (75)

« Le but est d'attirer de nouveaux visiteurs et de les inciter à acheter. »

Passionné d'Internet, Anthelme intègre une école du Web après le bac. Il effectue sa 5e année en contrat de professionnalisation comme responsable du développement chez ManoMano, un site dédié aux produits de la maison et du jardin. Avant même l'obtention de son diplôme, il signe un CDI comme traffic manager. Un poste à la croisée de la publicité, du marketing digital et du commerce.

Campagnes publicitaires. Achat de mots-clés sur des moteurs de recherche, campagnes de mailings, bandeaux publicitaires... pour capter l'attention des internautes, l'arsenal des traffic managers est vaste. *« Nous disposons de plusieurs leviers pour générer du trafic. Avec certains partenaires (médias, influenceurs, blogueurs...), nous nouons des accords d'affiliation. Cela nous permet, par exemple, de positionner sous la vidéo du compte Instagram d'un influenceur du bricolage un lien redirigeant l'internaute vers nos meilleures perceuses. Le but est d'attirer de nouveaux visiteurs sur notre site et de faire en sorte qu'ils aillent jusqu'à l'acte d'achat. »*

Analyse de données. *« Selon la cible visée, je peux aussi négocier la diffusion d'un publirédactionnel autour de l'aménagement des jardins sur le site d'un magazine féminin. Pour que le message soit percutant, il faut bien connaître la typologie d'audience de nos partenaires. »* Grâce à l'analyse de données, c'est possible. *« Quand un internaute arrive sur notre site, via l'analyse des cookies par exemple, on sait s'il vient du trafic gratuit (Google) ou payant (site spécialisé). Ces informations nous sont précieuses pour mieux cibler nos campagnes. »*

Suivi des audiences. Nombre de visiteurs uniques et de clics, pages vues, durée des visites... chaque jour, Anthelme scrute les audiences du site. *« En jonglant avec plusieurs indicateurs, je peux mesurer les performances et l'impact de nos actions. »* Ces données chiffrées sont consignées dans des rapports qu'il transmet régulièrement à sa hiérarchie. *« Sens de l'analyse et goût des chiffres me sont indispensables pour améliorer la rentabilité de l'entreprise. »*

Quel salaire ?

Un traffic manager débutant perçoit entre 2500 et 3000 € brut par mois, selon le niveau de diplôme et la taille de l'entreprise.

Source : étude de rémunérations 2020 du cabinet de recrutement Michael Page.

Ça recrute ?

La gestion du trafic sur un site représente aujourd'hui un enjeu stratégique. Chargés d'optimiser la fréquentation d'un site pour en accroître la visibilité, les traffic managers jouent un rôle crucial. Leurs compétences, à la croisée de la publicité, du marketing digital et du commerce, sont donc recherchées.

Quelle évolution ?

Une première expérience comme chargé de référencement ou community manager est souvent requise pour accéder à ce métier. Après quelques années d'exercice, les traffic managers peuvent devenir responsables du marketing digital.

Quelles études ?

Un bac+5 est recommandé pour accéder à ce métier, qui exige de solides connaissances en marketing et technologies Web.

Après le bac en 3 ans

- Les BUT mention **MMI** (métiers du multimédia et de l'Internet), **information-communication** parcours publicité ou **techniques de commercialisation** sont les formations de base dans le domaine.
- Les **licences professionnelles** e-commerce et marketing numérique, en 3 ans après le bac ou en 1 an après un bac+2, forment au métier.
- Les **écoles de commerce** et **du digital** ainsi que certaines **écoles de communication** (Estacom, Hetic...) proposent des **bachelors** en marketing digital.

Après le bac en 5 ans

- À l'**université**, de nombreux **masters** sont spécialisés en marketing, vente.
- Les **écoles de commerce** et certaines écoles **du digital** dispensent des formations de niveau bac+5 en marketing digital.

Retrouvez les études p. 71, 76, 78, 84, 86.

DICO DES MÉTIERS

ADMINISTRATEUR/ ADMINISTRATRICE DE BASES DE DONNÉES

Catalogues de vente en ligne, informations comptables, fichiers clients... autant de données (ou *data*) à sécuriser. Les administrateurs s'emploient à les gérer et à en garantir l'accès : définition de la structure de la base de données pour une utilisation optimale, gestion des droits d'accès, installation des procédures de sauvegarde et de restauration automatiques. Les bases de données consultables via Internet imposent des contraintes de sécurité particulières. Certains postes impliquent une disponibilité la nuit et/ou le week-end.

Formation

Master d'université en informatique, diplôme d'ingénieur ou d'école spécialisée en informatique.

ADMINISTRATEUR/ ADMINISTRATRICE RÉSEAU

Il ou elle est responsable de la qualité du réseau informatique d'une entreprise, ce dernier permettant de communiquer en interne et vers l'extérieur. Ses missions incluent parfois la téléphonie, voire les systèmes. Polyvalent, ce professionnel peut intervenir dès l'installation du réseau, notamment dans le choix des logiciels et matériels. Au quotidien, il faut définir et tester les améliorations à apporter au réseau, configurer et mettre à jour le matériel, contrôler les procédures de sécurité, accompagner les utilisateurs... On compte sur sa réactivité, à tout moment, en cas d'incident.

Formation

BTS, BUT ou licence professionnelle en informatique et réseaux ; diplôme d'ingénieur ou d'école spécialisée en informatique ; master d'université en informatique, réseaux ou télécommunications.

ANALYSTE EXPLOITATION

Son objectif: gérer le fonctionnement des équipements informatiques d'une entreprise. L'analyste exploitation contrôle donc leur performance, met en place des sauvegardes et intervient en cas d'incident. L'installation des nouveaux matériels et logiciels, la configuration des postes de travail et l'assistance technique aux utilisateurs sont également de son ressort. En entreprise, les missions peuvent être élargies à l'établissement de normes, à l'analyse des incidents, ou encore à la préconisation de solutions techniques et de sécurité. Ce métier peut aussi s'exercer dans les ESN (entreprises de services du numérique).

Formation

BTS, BUT ou licence professionnelle en informatique. Le niveau bac+5 peut être demandé pour les systèmes complexes.

ARCHITECTE D'APPLICATIONS MOBILES

Son rôle: définir la structure d'une application selon les paramètres techniques propres aux smartphones et aux tablettes. Les aspects esthétiques et ergonomiques sont pris en compte: taille de l'écran, mise en page, navigation... Il ou elle suit les travaux de développement, de la programmation aux tests. Une fois l'application lancée, la correction des *bugs*, les mises à jour et l'intégration de nouvelles fonctionnalités font aussi partie de ses missions.

Formation

Master d'université en création numérique, diplôme d'ingénieur, diplôme d'école d'informatique ou du digital.

ARCHITECTE WEB

Avec l'essor du Web mobile, des médias sociaux et du marketing digital, l'architecture des sites Internet devient de plus en plus complexe. Les architectes Web conçoivent l'infrastructure des sites à forte audience et accompagnent leur croissance. En amont d'un projet, ils préconisent des solutions techniques en tenant compte de l'ergonomie recherchée et des principes du marketing digital. La seconde étape consiste à superviser le développement du site et la réalisation de tests. Ce métier s'exerce principalement en agence Web ou au sein d'une entreprise de vente en ligne.

Formation

Master d'université en création numérique, diplôme d'ingénieur, diplôme d'école d'informatique ou du digital.

CHARGÉ/CHARGÉE DE RÉFÉRENCEMENT

Figurer en tête des réponses sur un moteur de recherche, c'est le défi quotidien que se lancent ces experts de la Toile, également appelés « référenceurs SEO » *(Search Engine Optimization)*. Différentes techniques sont utilisées: introduction de mots-clés pertinents dans les contenus rédactionnels, insertion de liens, structuration optimale des pages (longueur des textes, des titres...). Fonction stratégique, le référencement augmente la visibilité d'un site.

Formation

BTS, BUT ou licence professionnelle en commerce, communication ou informatique; master d'université en création numérique; diplôme d'école de commerce ou du digital.

LES MÉTIERS EN 5 FAMILLES

- SYSTÈMES ET RÉSEAUX
- TRAITEMENT DES DONNÉES
- CONCEPTION, DÉVELOPPEMENT
- MARKETING DIGITAL
- DESIGN, GRAPHISME

CHEF/CHEFFE DE PROJET LOGICIELS

Sa mission ? Coordonner la réalisation de logiciels informatiques souvent complexes à partir du cahier des charges qui spécifie les besoins du client. Son objectif : proposer un produit de qualité, dans les délais impartis et respectant le budget défini au préalable. Au quotidien, il lui revient de superviser les phases de conception et de développement, les tests et le déploiement des applications. Gestionnaire du projet, il ou elle constitue l'équipe d'ingénieurs d'études et de développeurs, établit et suit le budget et le planning.

Formation

Master d'université ou diplôme d'ingénieur en informatique, réseaux, ou management des systèmes d'information.

COMMUNITY MANAGER

Son rôle ? Créer et animer sur le Web et les réseaux sociaux des communautés d'internautes autour d'une entreprise ou d'une marque dans le but de soigner son e-réputation, d'accroître sa notoriété et/ou de fidéliser de nouveaux abonnés. Le ou la community manager prend soin d'adapter le contenu et l'angle de ses publications au support utilisé : blog, page Facebook, compte Twitter ou Instagram... Créativité et réactivité sont nécessaires au quotidien. La maîtrise de certains outils techniques (Photoshop, logiciels de montage vidéo...) est également requise.

Formation

BUT mention information-communication ou MMI (métiers du multimédia et de l'Internet); licence professionnelle ou master d'université en marketing digital; diplôme d'école de commerce ou du digital.

CONSULTANT/CONSULTANTE EN MARKETING DIGITAL

Leur défi ? Améliorer la stratégie digitale d'une marque sur ses différents supports (Web, mobile, mails). Après avoir défini les grands axes des campagnes à mener en concertation avec leur client, ils utilisent les différents leviers du marketing digital (référencement, bannières publicitaires, newsletters...) pour promouvoir le nouveau produit ou service, et ainsi renforcer l'image de marque de l'entreprise. Vient ensuite le temps de l'analyse chiffrée, afin de mesurer les résultats de la stratégie adoptée et l'audience des différentes campagnes de communication menées.

Formation

Master d'université en marketing, vente ; diplôme d'école de commerce avec une spécialisation en marketing digital ; diplôme d'école du digital.

DATA SCIENTIST

Sa spécialité : le traitement automatique de masses de données issues de différentes sources. Après avoir identifié les données utiles à extraire, le ou la data scientist conçoit les calculs et algorithmes qui vont faciliter leur exploitation. Pour un site de vente en ligne, par exemple, l'analyse des informations recueillies permet d'identifier des tendances dans le comportement des clients. En améliorant sans cesse leurs techniques d'investigation, les data scientists sont capables de prévoir les futurs achats d'un panel de consommateurs.

Formation

Master d'université ou diplôme d'ingénieur avec une spécialisation en *big data*, *data science* ou analyse de données, ou double compétence en informatique et mathématiques.

LES MÉTIERS EN 5 FAMILLES

- SYSTÈMES ET RÉSEAUX
- CONCEPTION, DÉVELOPPEMENT
- DESIGN, GRAPHISME
- TRAITEMENT DES DONNÉES
- MARKETING DIGITAL

© ALAIN POTIGNON /ONISEP

DÉVELOPPEUR/ DÉVELOPPEUSE

Leur quotidien : développer des programmes informatiques sur mesure. Chargés de la réalisation technique de sites Web ou d'applications mobiles, ils travaillent à partir d'un cahier des charges établi, le plus souvent, par un chef de projet. Grâce à leurs connaissances des langages informatiques (Java EE, PHP, C++), ils traduisent la commande en lignes de code informatique. Ces dernières génèrent les pages Web ou les fonctionnalités de l'application. Rigoureux et curieux, ils effectuent une veille constante pour rester à la pointe des dernières évolutions technologiques.

Formation

BTS, BUT ou licence professionnelle en informatique ; diplôme d'école d'informatique ou du digital ; diplôme d'ingénieur ou master d'université.

DÉLÉGUÉ/DÉLÉGUÉE À LA PROTECTION DES DONNÉES

Sa mission ? Faire en sorte que les données personnelles recueillies par les organismes publics ou les sites de vente en ligne ne soient exploitées que pour leur usage initial. Ses tâches au quotidien ? Informer et conseiller les opérationnels en interne sur le RGPD, tenir un registre précis de l'utilisation des données traitées, supprimer celles qui sont devenues inutiles. Veille juridique, élaboration de procédures internes, protection des données... tout cela implique d'être en contact régulier avec les différents services de l'entreprise, mais aussi avec la Cnil.

Formation

Mastère spécialisé en management et protection des données à caractère personnel ; diplôme d'université de DPO *(Data Protection Officer)*.

E-RÉPUTATION MANAGER

Ce poste stratégique consiste à surveiller ce qui se dit entre internautes et sur les réseaux sociaux à propos d'un produit, d'une marque, d'une entreprise ou d'une personnalité publique et à intervenir quand les avis sont négatifs. Au quotidien, il faut faire un état des lieux des conversations en cours, y compris sur des concurrents, créer de nouveaux contenus pour faire réagir les internautes (jeux, vidéos...), créer et animer des communautés. L'objectif est clair : rendre l'opinion (informations, avis, échanges, commentaires, rumeurs...) la plus favorable possible. Quand la critique devient trop forte, il faut être capable de proposer rapidement un plan d'action.

Formation

Diplôme d'école de commerce ; master d'université en marketing digital ou en communication.

EXPERT/EXPERTE EN CYBERSÉCURITÉ

Sa mission : empêcher les intrusions dans les systèmes informatiques pour garantir la sécurité de l'ensemble des données, serveurs et ordinateurs de l'entreprise. Pour y parvenir, il ou elle identifie les failles du système de sécurité, fait évoluer les procédures capables de prévenir les cyberattaques (mots de passe, pare-feu, antivirus...). En cas de piratage, la réponse doit être immédiate. Toujours au fait des dernières tendances et menaces sur le Net, il lui revient également de sensibiliser les utilisateurs aux enjeux de sécurité.

Formation

Master d'université ou diplôme d'ingénieur spécialisé en cybersécurité.

GRAPHISTE

Sous l'impulsion d'un directeur artistique et après l'intervention de l'UX designer, les graphistes créent l'identité visuelle d'un site ou d'une application en veillant à les rendre lisibles et agréables à consulter. Ils dessinent les icônes, les boutons, les logos, les illustrations ou les bannières. Ils choisissent les codes couleurs utilisés pour les titres et les textes, les polices de caractères, la manière d'insérer les images et les vidéos... Grâce à leur créativité, ils contribuent à l'originalité et au succès d'un site ou d'une application.

Formation

DN MADE graphisme ; DMA arts graphiques ; diplôme d'école de graphisme ou de design.

LES MÉTIERS EN 5 FAMILLES

- SYSTÈMES ET RÉSEAUX
- TRAITEMENT DES DONNÉES
- CONCEPTION, DÉVELOPPEMENT
- MARKETING DIGITAL
- DESIGN, GRAPHISME

© JEAN-MARIE HEIDINGER / ONISEP

INGÉNIEUR/INGÉNIEURE *CLOUD COMPUTING*

Son rôle? Proposer des solutions qui permettent aux entreprises d'externaliser le stockage et le traitement de leurs données: serveurs, plateformes de développement, applications hébergées sur le Web. Après avoir défini précisément les besoins de l'entreprise, il ou elle l'accompagne dans le choix du service le mieux adapté. Si le *cloud* est souvent plus économique et plus performant que l'utilisation de dispositifs en interne, son déploiement demande des tests préalables, aussi bien techniques que fonctionnels, ainsi que des recommandations de sécurité auprès des utilisateurs.

Formation

Diplôme d'ingénieur ou d'école spécialisée en informatique; master d'université en informatique.

INGÉNIEUR/INGÉNIEURE EN INTELLIGENCE ARTIFICIELLE

Conduite autonome, reconnaissance d'images ou de paroles... grâce aux ingénieurs en intelligence artificielle, les machines sont capables de reproduire ou d'exécuter des tâches complexes, normalement associées à l'intelligence humaine. Ces professionnels savent, en effet, concevoir les programmes qui vont permettre à un système informatique d'apprendre par l'exemple (techniques du *machine learning* ou du *deep learning*): sélection de données, modélisation et séquençage des valeurs à comparer, écriture des algorithmes... Une double compétence en mathématiques et en informatique est nécessaire.

Formation

Diplôme d'ingénieur ou master d'université en informatique avec spécialisation en intelligence artificielle ou science des données; mastère spécialisé dans ces domaines.

INGÉNIEUR/INGÉNIEURE EN RÉALITÉ VIRTUELLE

Les programmes complexes que ces ingénieurs développent permettent de visualiser un projet de construction en 3D, de s'immerger dans un univers imaginaire, de s'entraîner au pilotage ou à la pratique chirurgicale par simulation... Au sein d'une équipe pluridisciplinaire, ils conçoivent des logiciels et des outils de capture de mouvements capables de faire voyager les utilisateurs dans l'espace ou dans le temps. Certains projets de réalité augmentée ou virtuelle concernent l'interface homme-machine.

Formation

Diplôme d'ingénieur ou master d'université avec une spécialisation en réalité virtuelle.

INTÉGRATEUR/INTÉGRATRICE

Lors de la création d'un site Internet, il ou elle traduit les maquettes graphiques dans un langage compréhensible par un navigateur Web (HTML, JavaScript). Son travail intervient donc après celui du webdesigner et avant celui du développeur. Composition du squelette des pages, ajout des animations graphiques et sonores, création des liens hypertextes... il faut aussi penser à vérifier la compatibilité du site avec tous les supports (ordinateurs, tablettes, smartphones). Des connaissances en webdesign et en programmation sont nécessaires.

Formation

BTS, BUT ou licence professionnelle en informatique ou métiers du numérique; diplôme d'école du digital; master d'université en création numérique.

RESPONSABLE AFFILIATION

Également appelés « responsables des partenariats », les responsables affiliation contribuent à améliorer la visibilité d'une entreprise sur le Web en signant des accords avec d'autres sites. Ces contrats leur permettent de faire la promotion de leur entreprise sur les pages Web du partenaire. Ce dernier enrichit son contenu et touche des commissions sur les clics et les ventes générés par les liens présents sur ses pages. Les deux principaux axes de travail de ces professionnels : identifier de nouveaux partenariats potentiels et s'assurer de la performance de ceux déjà noués.

Formation

Licence professionnelle en marketing digital ; master d'université en marketing ; diplôme d'école de commerce ou du digital.

© GREGOIRE MAISONNEUVE / ONISEP

TESTEUR/TESTEUSE

Leur mission ? Faire la chasse aux *bugs*, ces anomalies qui empêchent le bon fonctionnement d'un logiciel ou d'une application. En lien avec les responsables du projet, ils élaborent la phase de tests, puis analysent les résultats. Ils transmettent ensuite les anomalies détectées aux développeurs et aux graphistes qui se chargent des corrections. Ces correctifs sont à leur tour soumis à des tests. Un esprit rigoureux, ainsi que de bonnes connaissances en développement et en intégration, sont indispensables.

Formation

BTS, BUT ou licence professionnelle en informatique ; diplôme d'école d'informatique ou du digital ; master d'université ou diplôme d'ingénieur en informatique.

TRAFFIC MANAGER

Ces experts du trafic Web sont chargés d'optimiser la fréquentation d'un site. Pour y parvenir, ils usent de plusieurs leviers : achat de mots-clés sur Google, bannières publicitaires, liens sponsorisés sur d'autres sites, mailing… Grâce à des outils de *tracking* qui enregistrent les taux de clics et les ventes en ligne, ils peuvent suivre en temps réel les performances de leurs campagnes. Visant à améliorer la notoriété du site, l'action des traffic managers s'avère stratégique.

Formation

BUT mention MMI (métiers du multimédia et de l'Internet) ; licence professionnelle métiers du numérique ; master d'université en marketing digital ; diplôme d'école de commerce ou du digital.

LES MÉTIERS EN 5 FAMILLES

- SYSTÈMES ET RÉSEAUX
- CONCEPTION, DÉVELOPPEMENT
- DESIGN, GRAPHISME
- TRAITEMENT DES DONNÉES
- MARKETING DIGITAL

UX/UI DESIGNER

Fluidifier la navigation de l'internaute pour qu'il accède de façon intuitive à la page recherchée, faciliter son expérience sur son smartphone, derrière sa tablette ou avec un objet connecté : c'est la préoccupation des UX designers (UX pour *User experience* ou expérience utilisateur). Après avoir analysé les comportements des utilisateurs, ils définissent des parcours d'accès aux informations en tenant compte de certaines attentes. Place, ensuite, aux concepteurs d'interfaces ou UI designers (UI pour *User Interface* ou interface utilisateur) en charge du design graphique de l'interface : positionnement des boutons, champs de saisie...

Formation

DN MADE, suivi du DSAA ; diplôme d'école de graphisme ou de design ; master d'université en création numérique ; diplôme d'école du digital.

WEBDESIGNER

Site Web, portail, boutique de vente en ligne... derrière l'écran consulté par l'internaute se cache le savoir-faire de designers. Leur rôle ? Traduire les demandes des concepteurs par des choix graphiques pertinents (couleurs, outils de navigation, typographie...), en tenant compte des spécificités du numérique (ergonomie, accessibilité des informations). Qu'ils conçoivent l'arborescence, l'habillage ou l'animation graphique, il leur faut maîtriser des logiciels de création spécifiques.

Formation

DN MADE, suivi du DSAA ; licence professionnelle métiers du numérique ; diplôme d'école de graphisme ou du digital ; master d'université en création numérique.

© GREGOIRE MAISONNEUVE / ONISEP

WEBMASTER TECHNIQUE

Il ou elle assure la maintenance technique d'un ou de plusieurs sites Internet : gestion des incidents en lien avec les hébergeurs et les prestataires ; intégration de pages Web, de newsletters, d'images et de vidéos ; administration d'offres en e-commerce ; mise en place d'outils permettant d'analyser le trafic sur le site ; ajout de nouvelles fonctionnalités... La connaissance des langages HTML/CSS et JavaScript est requise.

Formation

BUT mention information-communication ou métiers du multimédia et de l'Internet ; licence professionnelle en conception, rédaction et réalisation Web ; diplôme d'école du digital.

efrei PARIS
Ecole d'ingénieurs du numérique
ISIT Intercultural school
Talents pour le monde
Ose l'international
Intégre le Bachelor
International Communication Management
& Creative Technology
Un double-diplôme délivré par deux Grandes Écoles
Bac+3 reconnu par l'État
3e année en alternance
1 semestre d'étude à l'étranger
NOS PORTES OUVERTES
Samedi 28 novembre
10h-17h
sur le campus de l'ISIT
Samedi 10 décembre
10h-16h
sur le campus Efrei Paris
EESPIG
parcoursup
CONFÉRENCE DES GRANDES ÉCOLES
Renseignements et admissions :
admissions@efrei.fr - v.agaasse@isit-paris.fr
+33 188 289 102
efrei.fr
isit-paris.fr

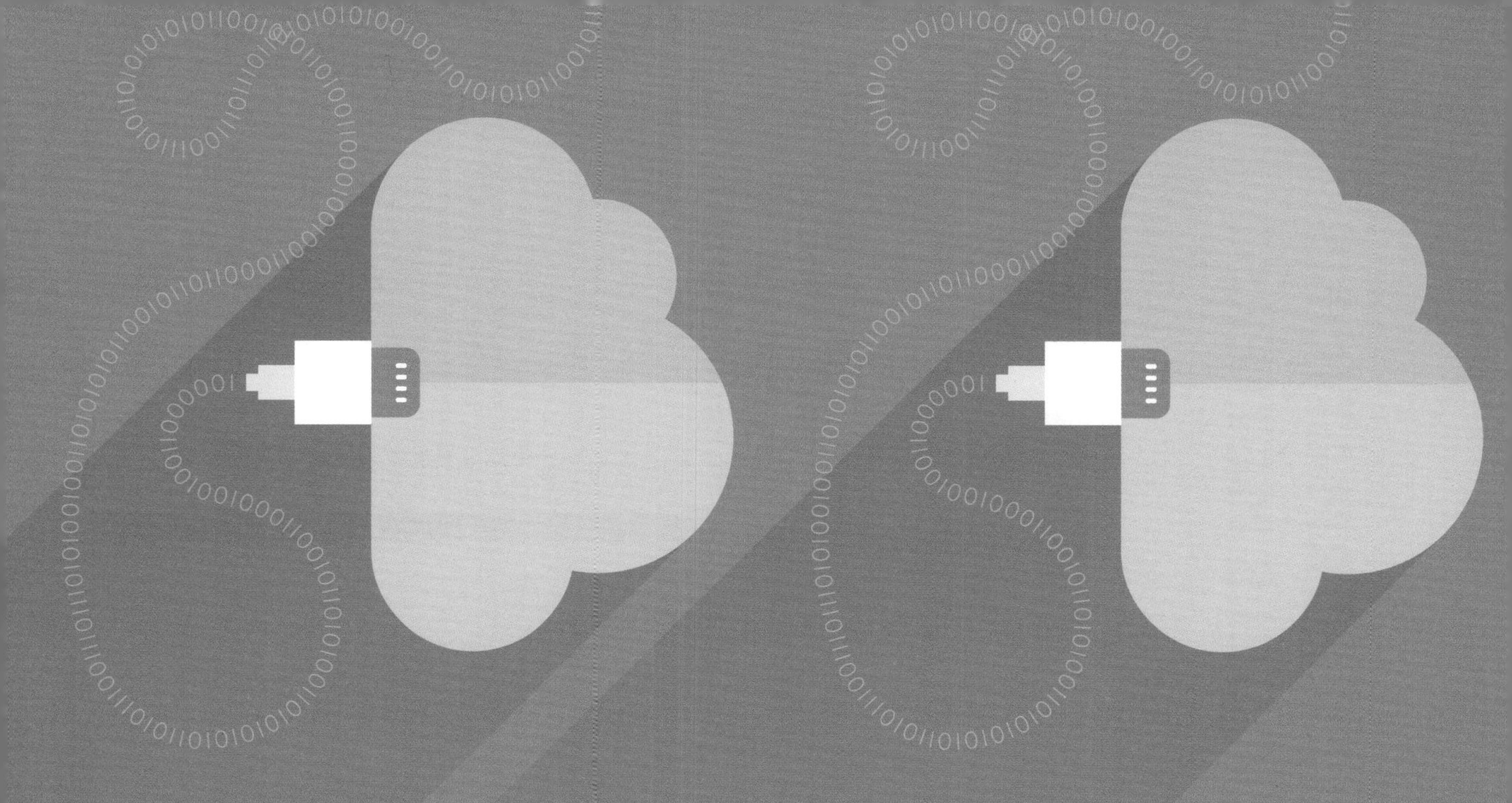

ÉTUDES

QUELLES FORMATIONS POUR QUELS MÉTIERS ?

Les formations menant aux métiers du numérique ne manquent pas. Zoom sur les cursus adaptés aux différentes familles de métiers.

SYSTÈMES ET RÉSEAUX

Certains métiers de la gestion des réseaux et des systèmes d'exploitation sont accessibles après un diplôme de niveau bac+2 et, de plus en plus souvent, bac+3. Il s'agit des fonctions d'administrateur réseau, d'analyste exploitation. Parmi les diplômes adaptés, citons le BTS SIO (services informatiques aux organisations), le BTS SN (systèmes numériques), le BUT informatique et le BUT réseaux et télécommunications. De nombreuses licences professionnelles sont également spécialisées dans ce domaine. Pour les postes d'expert en cybersécurité ou en *cloud computing*, les profils les plus demandés sont les ingénieurs et les titulaires d'un master en informatique ou réseaux et télécommunications.

CONCEPTION, DÉVELOPPEMENT

Prenant en charge tout ou partie de la réalisation ou de l'amélioration d'un logiciel, d'une application mobile ou d'un site Web, les architectes et les chefs de projet sont, pour la plupart, titulaires d'un diplôme d'ingénieur ou d'un master spécialisé en génie logiciel. Ils sont assistés par des développeurs, une profession ouverte notamment aux titulaires du BTS SIO (services informatiques aux organisations) ou du BUT informatique. L'obtention d'une licence professionnelle est de plus en plus valorisée. Ce diplôme offre la possibilité de se spécialiser en développement d'applications, tests logiciels, développement Web. Des écoles spécialisées en informatique ou en digital préparent également à ces métiers.

TRAITEMENT DES DONNÉES

Devenu stratégique, le domaine de la gestion des données fait intervenir de nombreux professionnels, aux profils variés. Les titulaires d'un bac+5 (diplôme d'ingénieur ou master d'université) avec une double compétence en mathématiques et en informatique sont particulièrement recherchés dans le *big data* et l'intelligence artificielle. Leur défi ? Concevoir la modélisation mathématique et l'algorithme capables de tirer le meilleur profit des données disponibles. Des juristes veillant au respect de la réglementation en vigueur sont également nécessaires.

DESIGN, GRAPHISME

Dans le domaine du graphisme comme du webdesign, un bac+3 suffit pour débuter. Il peut s'agir, par exemple, du DNA (diplôme national d'art) option design, délivré par les écoles publiques des beaux-arts, ou encore du DN MADE (diplôme national des métiers d'art et du design) mention numérique ou graphisme, proposé par les écoles d'arts appliqués, publiques ou privées. Ils conduisent à des fonctions de graphiste assistant. Pour accéder à des postes de webdesigner ou d'UX designer, un bac+5 en école d'art ou de design est le plus souvent requis. Il existe également quelques masters d'université en design d'interface.

MARKETING DIGITAL

Pour accéder aux fonctions de traffic manager, d'e-réputation manager ou de consultant, un bac+5 est requis. Plusieurs voies existent : l'université, qui propose de nombreux masters dans le domaine ; les écoles de commerce, qui offrent la possibilité de se spécialiser en marketing digital ou en e-business en fin de cursus ; mais aussi les écoles spécialisées en digital, dont certaines abordent également le marketing. Un niveau bac+3 permet de s'insérer comme community manager. Parmi les formations adaptées, les BUT mention information-communication ou MMI (métiers du multimédia et de l'Internet). Quelques licences professionnelles métiers de la communication, en 3 ans après le bac, ou en 1 an après un bac+2, préparent également à la communication digitale.

5 QUESTIONS AVANT DE SE LANCER

Le numérique ouvre large ses portes aux jeunes diplômés. Points de repère pour construire son parcours et préparer ses choix d'orientation.

Durée des études

Quel niveau viser ?

Dans le secteur numérique, le niveau bac+2 ou bac+3 est un premier niveau d'insertion, avec une offre de formations spécifiques très diversifiée : deux BTS préparent au développement logiciel, plusieurs BUT* à l'informatique et aux métiers de l'Internet. Par ailleurs, il existe plus d'une centaine de licences professionnelles en applications ou réalisation Web, en développement de logiciels ou en e-commerce et marketing numérique. Un large choix, qui pour autant ne parvient pas à couvrir tous les besoins. Chaque année, de nombreux postes, notamment de développeur, ne sont pas pourvus. En réponse à cette pénurie, le secteur a développé une importante offre de formations courtes et intensives, accessibles sans le bac et donnant un niveau bac+2. Attention toutefois à la qualité de certaines d'entre elles. Pour aider à distinguer les plus sérieuses, un label Grande École du numérique a été créé *(lire p. 85)*. Pour accéder à d'autres métiers du numérique, en traitement des données ou en cybersécurité, par exemple, un niveau bac+5 est requis (diplôme d'ingénieur ou master d'université).

* Bachelors universitaires de technologie, en 3 ans. Remplacent les DUT à compter de 2021.

Profil

Des créatifs aussi ?

Réaliser l'habillage d'un site Web ou créer un logo demandent le même savoir-faire : traduire visuellement un principe graphique ou un message en associant texte et images. La maîtrise du dessin, conjuguée à la connaissance des logiciels, est indispensable. Les autres atouts pour devenir un « bon » professionnel ? Développer sa créativité et se montrer curieux de tout. Si observer, aiguiser son regard, saisir l'air du temps ne s'apprend pas uniquement au sein d'une école d'art, suivre une formation académique est essentiel pour affiner sa technique. Tous les cursus s'appuient sur une pratique intensive du dessin et des logiciels de conception graphique (Illustrator, Flash, InDesign, etc.). Autres champs abordés : la typographie et la mise en page. Concernant l'insertion, la différence se fait sur le niveau de diplôme. Un bac+2 ou un bac+3 permettent de débuter en tant qu'assistant. Un bac+5 ouvre la voie à des postes de conception graphique ou de direction artistique. Un temps de formation plus long permet de multiplier les stages et de savoir analyser la demande d'un client pour mieux y répondre.

© STURTI/ISTOCK.COM

École ou université
Comment choisir ?

De nombreuses filières mènent aux métiers du numérique, autant à l'université qu'en écoles. Une diversité qui permet à chacun de construire un parcours d'études adapté à ses moyens financiers, à son niveau académique (les cursus sont plus ou moins sélectifs) et à l'avancée de son projet professionnel, en choisissant une formation plus ou moins spécialisée, par exemple. Une inscription à l'université ne coûte que 170 € par an en licence, 243 € en master. En école privée, les frais de scolarité peuvent grimper jusqu'à plus de 10000 € par an. Toutes les écoles de commerce sont privées, tout comme les écoles spécialisées en informatique ou en digital. C'est le cas également d'un grand nombre d'écoles de design. En revanche, la plupart des écoles d'ingénieurs sont publiques et ne demandent que 600 € par an.

Sciences
Une double compétence ?

Après le boom de la science des données, arrive celui de l'intelligence artificielle. Ces deux domaines s'appuient sur un socle de connaissances scientifiques solide en mathématiques et statistiques, doublé de compétences en informatique. L'alliance de ces disciplines permet de développer des méthodes de calculs performantes (algorithmes) pour traiter de très grands volumes de données. De plus en plus de masters d'université ou d'école d'ingénieurs mélangent ces deux composantes dans leur cursus. Mais il est également possible de suivre un master ou un mastère spécialisé (en 1 an après un bac+5) en algorithmique et modèle de données, par exemple après un diplôme d'ingénieur généraliste ou un master de mathématiques. Inversement, une formation en informatique peut être complétée par une spécialisation en statistiques et mathématiques.

Apprentissage
Un atout ?

Avoir une expérience du terrain est primordial dans le secteur. L'apprentissage offre la possibilité de se former tout en travaillant. Le principe ? L'apprenti alterne les cours et le travail dans une entreprise qui prend en charge ses frais de scolarité et lui verse une rémunération. Sous contrat de travail et intégré aux équipes, l'apprenti se voit confier des missions plus complètes que celles d'un stagiaire. Cette immersion dans le monde professionnel, ses méthodes de travail, ses délais et ses outils constitue un excellent moyen d'acquérir des compétences. Une expérience qui fait la différence au moment de chercher son premier emploi, quand l'apprenti n'est pas directement embauché en CDI par l'entreprise qui l'a formé. *À noter :* l'alternance peut aussi s'effectuer dans le cadre d'un contrat de professionnalisation. Dans les deux cas, il est indispensable de bien mesurer l'investissement nécessaire pour mener de front préparation du diplôme et activité professionnelle.

LES BACS PROFESSIONNELS *à la loupe*

Après la 3e

→ En 3 ans

Le bac pro systèmes numériques donne un premier niveau de formation dans le domaine, tout en offrant la possibilité de poursuivre ses études.

DES ENSEIGNEMENTS CONCRETS

Si les programmes conservent des matières générales (français, mathématiques-sciences, histoire-géographie-enseignement moral et civique et anglais), ils développent les savoirs techniques et l'acquisition de gestes professionnels. Cela passe par des TP (travaux pratiques), des ateliers de groupes et des stages en entreprise. *À noter :* pour préparer leur avenir, les élèves choisissent en terminale un module insertion professionnelle ou poursuite d'études.

STATUT SCOLAIRE OU APPRENTISSAGE

Le bac professionnel se prépare en 3 ans. La formation peut être suivie à temps plein en lycée professionnel public ou privé. Elle peut aussi s'effectuer en apprentissage, sous réserve d'avoir signé un contrat de travail avec un employeur. Les cours sont dispensés au sein d'un CFA (centre de formation d'apprentis) ou d'une UFA (unité de formation par apprentissage), en lycée professionnel ou en école spécialisée. La formation en entreprise est encadrée par un maître d'apprentissage. À la fois élèves et salariés, les apprentis perçoivent une rémunération, variable selon leur âge et l'année de leur apprentissage.

PRINCIPALEMENT APRÈS LA 3E

L'affectation en 2de professionnelle s'effectue après avis du conseil de classe sur les vœux formulés par les familles. Dans certaines spécialités, la capacité d'accueil est limitée. Il est aussi possible d'entrer directement en 1re professionnelle après un CAP ou une 2de générale et technologique, sur dossier et sous réserve de places disponibles.

INSERTION OU POURSUITE D'ÉTUDES

Si les bacs professionnels ont comme objectif premier l'accès direct à l'emploi, une partie des diplômés choisissent de poursuivre leurs études pour acquérir une spécialisation ou un niveau supérieur. Selon leur parcours, ils peuvent préparer une MC (mention complémentaire) ou un BTS (brevet de technicien supérieur). Cela constitue un atout pour l'insertion et facilite les évolutions de carrière.

Repère

Avec la réforme de la voie professionnelle, la 2de professionnelle est organisée en familles de métiers, qui regroupent des compétences communes. C'est en fin de 2de que les élèves choisissent une spécialité. Certaines spécialités de bacs professionnels ne rentrent pas dans ces familles.

Bac pro systèmes numériques

OÙ ?

Option A (sûreté et sécurité des infrastructures, de l'habitat et du tertiaire): dans 137 établissements, dont 25 avec possibilité de formation en apprentissage; **option B** (audiovisuels, réseau et équipement domestiques): dans 150 établissements, dont 22 avec possibilité de formation en apprentissage; **option C** (réseaux informatiques et systèmes communicants): dans 256 établissements, dont 50 avec possibilité de formation en apprentissage.

AU PROGRAMME

Les trois options reposent sur le même socle et forment les élèves à installer et mettre en service des équipements et des installations numériques. Le programme se répartit entre matières générales et matières professionnelles, parmi lesquelles l'informatique, la physique d'application, le traitement de l'information et les normes de qualité, de sécurité et d'environnement. Préparée à partir de la classe de 1re, l'option A met l'accent sur la vidéosurveillance, la protection incendie, alarmes bâtiments intelligents... L'option B se concentre sur les systèmes audiovisuels et multimédias et la domotique liée au confort et à la gestion des énergies. L'option C se concentre sur l'électronique industrielle, l'informatique et les réseaux.

ET APRÈS ?

Après l'option C, accès à des postes de technicien de maintenance en informatique, télécoms et réseaux. Poursuite d'études possible en BTS SN (systèmes numériques) ou SIO (services informatiques aux organisations).

→ *Autres diplômes*

Le bac technologique STI2D

Articulé autour d'enseignements scientifiques et technologiques, le bac STI2D (sciences et technologies de l'industrie et du développement durable) prépare à la poursuite d'études en BTS, en BUT, en classes préparatoires TSI (technologie et sciences industrielles), en licence ou en école spécialisée. Parmi les enseignements spécifiques au choix en terminale, les élèves peuvent opter pour l'enseignement systèmes d'information et numérique, axé sur le traitement et la transmission de données via les réseaux informatiques et les produits multimédias. Sans être déterminant, cet enseignement prépare notamment à la poursuite d'études en informatique.

Le bac technologique STMG

Préparant à des poursuites d'études dans les domaines du management, des sciences de gestion, du droit et de l'économie, le bac STMG (sciences et technologies du management et de la gestion) propose notamment une spécialité en sciences de gestion et numérique ouvrant en particulier vers le BTS SIO (services informatiques aux organisations) ou le BUT STID (statistique et informatique décisionnelle).

LES BTS à la loupe

Après le bac
→ En 2 ans

Plusieurs BTS forment aux métiers du numérique, tout en offrant des possibilités de poursuites d'études.

PLANÈTE MÉTIERS

L'objectif des BTS (brevets de technicien supérieur) est de former des diplômés immédiatement opérationnels. Les enseignements professionnels occupent la moitié de l'emploi du temps en 1re année, les deux tiers en 2de année. S'y ajoutent plusieurs semaines de stage en entreprise, mais aussi du français, des langues, des mathématiques et de l'économie. Certains établissements proposent la formation en apprentissage.

AMBIANCE LYCÉE

Les étudiants retrouvent un cadre familier : le lycée le plus souvent, des classes de 30 élèves, une trentaine d'heures de cours par semaine. Travaux en groupes, projets à rendre : le rythme de travail est soutenu. Si la formation est gratuite dans le public, les droits de scolarité peuvent être élevés dans le privé.

ADMISSION SUR DOSSIER

Les candidatures sont gérées par Parcoursup, la plateforme nationale de préinscription en 1re année de l'enseignement supérieur. La sélection par les établissements porte sur les bulletins de 1re et de terminale et, parfois, des tests de niveau ou un oral. Un projet de formation motivé peut être joint au dossier scolaire. Dans chaque académie, un quota de places est réservé aux bacheliers professionnels dans les spécialités de BTS cohérentes avec leur bac.

EXAMEN FINAL

Pour obtenir son BTS, il faut réussir en fin de 2de année un examen national, qui intègre une part de contrôle continu. Un conseil : ne pas négliger les matières générales, qui comptent parfois autant que les matières professionnelles. Le BTS vaut 120 crédits européens ECTS.

S'INSÉRER OU POURSUIVRE

Dans le secteur du numérique, un niveau bac + 2 peut constituer une porte d'entrée. Ceux qui aspirent à des postes d'encadrement poursuivent leurs études en licence professionnelle, en école spécialisée ou préparent un diplôme d'ingénieur. Recrutement sur dossier ou sur concours.

Repère

La durée de la formation peut être réduite pour les étudiants qui viennent d'un 1er cycle de l'enseignement supérieur (autre BTS, licence, classe préparatoire).

À savoir

Des classes préparatoires ATS (adaptation technicien supérieur), en 1 an après un BTS, préparent des élèves très motivés à l'admission dans certaines écoles d'ingénieurs.

BTS services informatiques aux organisations (SIO)

POUR QUI ?

Principalement les titulaires du bac professionnel systèmes numériques, d'un bac technologique (STMG ou STI2D), ou encore du bac général.

OÙ ?

Option SISR (solutions d'infrastructure, systèmes et réseaux) : dans 246 établissements, dont 85 avec possibilité de formation en apprentissage ; **option SLAM** (solutions logicielles et applications métiers) : dans 231 établissements, dont 71 avec possibilité de formation en apprentissage.

AU PROGRAMME

Le tronc commun aux deux options comprend des enseignements de mathématiques, algorithmique, français, anglais, culture économique, juridique et managériale, ainsi que la gestion d'un parc informatique, l'assistance aux utilisateurs et la cybersécurité (protection des données, sécurisation des équipements...). La spécialisation intervient dès le 2e semestre. L'option SISR porte d'une part sur l'installation et la configuration de postes et serveurs informatiques (partie système), d'autre part sur la mise en place des réseaux. Le parcours SLAM forme au développement d'applications (analyse des besoins, programmation, bases de données).

ET APRÈS ?

Accès à des postes de technicien systèmes et réseaux, programmeur, développeur. Poursuite d'études possible en licence professionnelle, voire en école d'ingénieurs ou en L3 (3e année de licence) informatique.

Une formation concrète

Béatrice Caramigeas,
enseignante en BTS SIO
au lycée Paul-Louis Courier, à Tours (37)

« En option SLAM, les étudiants apprennent à concevoir, développer et sécuriser des applications métiers spécifiques à une entreprise, en s'appuyant sur des systèmes de gestion de bases de données. Sur une application existante, ils ajoutent des fonctionnalités selon les besoins des utilisateurs (maintenance évolutive) ou interviennent en cas de dysfonctionnement (maintenance corrective). Cette année, par exemple, ils ont eu deux applications à développer pour un syndicat des eaux : une application Web permettant d'afficher par communes et par secteurs les anomalies comme les pertes d'eau, et une application mobile destinée aux agents qui relèvent les compteurs d'eau, pour qu'ils puissent sauvegarder les données avant de les transférer sur la base de l'entreprise. Grâce à ces projets, nos étudiants sont aptes à s'insérer, une fois diplômés, comme développeurs d'applications. »

BTS systèmes numériques (SN)

POUR QUI ?

Principalement les titulaires d'un bac STI2D, du bac professionnel systèmes numériques, ou encore du bac général.

OÙ ?

Option informatique et réseaux : dans 164 établissements, dont 53 avec possibilité de formation en apprentissage. **Option électronique et communications** : dans 118 établissements, dont 34 avec possibilité de formation en apprentissage.

AU PROGRAMME

L'option informatique et réseaux est centrée sur l'exploitation de systèmes informatiques en réseaux et sur la conception de logiciels ou d'applications techniques pour l'industrie. Elle s'intéresse notamment au traitement des données enregistrées par des capteurs en vue de faire communiquer des machines entre elles. L'option électronique et communications apprend à concevoir et à mettre au point des cartes électroniques, à programmer des composants électroniques, à adapter des capteurs et à les intégrer dans des objets communicants. Cette option aborde également la programmation. Inversement, l'option informatique et réseaux enseigne les bases en électronique, indispensables pour comprendre le fonctionnement des capteurs.

ET APRÈS ?

Accès à des postes de technicien en informatique industrielle, d'administrateur réseau, de technicien électronicien... Poursuite d'études possible en licence professionnelle métiers de l'informatique ou de l'électronique, licence d'informatique ou d'électronique, école d'ingénieurs...

BTS SN ou SIO : quelles différences ?

Lionel André,
enseignant en informatique au lycée Félix Le Dantec, à Lannion (22)

« Ces BTS comprennent tous deux une partie développement logiciel et une partie systèmes et réseaux. Diplôme du tertiaire, le BTS SIO (services informatiques aux organisations) met l'accent sur les aspects juridiques (droit du travail, protection des données, licences informatiques...), essentiels en entreprise. D'un point de vue informatique, il traite de la gestion des données, sauvegardées la plupart du temps au sein de bases.
Plus technique, le BTS SN (systèmes numériques) insiste sur la physique appliquée. Les élèves manipulent du matériel industriel (capteurs, automates...) et travaillent sur l'acquisition de données. »

LES BUT *à la loupe*

Plusieurs BUT préparent aux métiers du numérique. Ils permettent l'insertion ou la poursuite d'études longues.

Après le bac

→ En 3 ans

LA THÉORIE ET LA PRATIQUE

Cursus universitaire professionnalisant, le BUT (bachelor universitaire de technologie) accorde autant de place aux enseignements théoriques que professionnels. Des projets à réaliser (600 heures au total) et 22 à 26 semaines de stage initient les étudiants au monde de l'entreprise. Une partie des IUT (instituts universitaires de technologie) proposent la formation en apprentissage sur la totalité ou une partie du cursus.

UN TRAVAIL ENCADRÉ

L'IUT offre les avantages de l'université (proximité avec la recherche, droits d'inscription de 170 €...), tout en assurant un suivi important des étudiants. Les cours magistraux, minoritaires, alternent avec de nombreux travaux réalisés en petits groupes: TD (travaux dirigés), TP (travaux pratiques) et projets encadrés. Prévoir aussi beaucoup de travail personnel.

ACCÈS SÉLECTIF

Les candidatures sont gérées par la plateforme nationale de préinscription en 1re année de l'enseignement supérieur, Parcoursup. La sélection par les établissements repose sur les résultats de 1re et terminale, les appréciations des enseignants, le projet de formation motivé, parfois des tests ou un entretien. Dans chaque académie, un quota de places est réservé aux bacheliers technologiques dans les mentions de BUT cohérentes avec leur bac.

CONTRÔLE CONTINU

Les étudiants sont évalués à partir des contrôles écrits, des notes obtenues aux exposés, aux projets et au mémoire professionnel qui jalonnent la formation. Un DUT (diplôme universitaire de technologie) est délivré au bout des 2 premières années.

INSERTION OU POURSUITE D'ÉTUDES

Le BUT prépare à l'insertion professionnelle comme cadre intermédiaire ou à la poursuite d'études en école d'ingénieurs via les admissions parallèles ou en master. Sélection sur dossier et/ou épreuves et entretien.

Repère

Des admissions parallèles sont possibles en cours de BUT, sur sélection. De même, il est possible de rejoindre le monde professionnel ou d'autres cursus en cours de formation.

À savoir

Si les programmes des BUT sont nationaux, ils intègrent 30 % d'adaptation locale afin d'offrir une plus grande adéquation avec chaque territoire.

BUT informatique*

POUR QUI ?

Principalement les titulaires du bac général ou STI2D ; quelques bacheliers STMG.

OÙ ?

Dans 56 établissements, dont 19 avec possibilité de formation en apprentissage.

AU PROGRAMME

Formation à la fois généraliste et pratique, ce BUT aborde tous les domaines de l'informatique : le développement de logiciels, les bases de données, les réseaux. La moitié du programme est consacrée aux enseignements professionnels. Ils portent sur les algorithmes et la programmation, les langages informatiques (Java...), la programmation Web et mobile (smartphones, tablettes...), l'architecture des systèmes et des réseaux, les systèmes de gestion de bases de données. Les étudiants apprennent aussi à assister et à former les utilisateurs de l'informatique. L'enseignement général inclut notamment les mathématiques, la gestion, l'économie, le droit, la communication et l'anglais.

ET APRÈS ?

Accès à des postes de développeur-intégrateur de sites Internet ou de bases de données, de chef de projet en informatique. Poursuite d'études possible en école d'ingénieurs ou en master informatique.

* Sous réserve de la mise en place du BUT en septembre 2021.

Quel profil pour réussir ?

Brett Desbenoit,
chef du département informatique,
à l'IUT d'Aix-Marseille (13)

« Nous recrutons des candidats à l'aise en mathématiques, titulaires du bac général (avec spécialité scientifique) ou d'un bac technologique, notamment STI2D. La rigueur et la motivation sont indispensables, car la formation est exigeante et la charge de travail importante. En informatique, notamment en programmation, il faut également faire preuve de curiosité et avoir envie de comprendre comment et pourquoi ça fonctionne. Durant leur cursus, les étudiants devront identifier les différentes familles de métiers, comme le développement ou l'administration des systèmes et des réseaux, pour construire leur projet professionnel. Même si beaucoup de diplômés choisissent de poursuivre leurs études, cette formation prépare à l'insertion professionnelle en donnant les compétences attendues par les entreprises. »

BUT métiers du multimédia et de l'Internet (MMI)*

POUR QUI ?

Principalement les titulaires du bac général ou STI2D ; quelques bacheliers STMG.

OÙ ?

Dans 34 établissements, dont 9 avec possibilité de formation en apprentissage.

AU PROGRAMME

Ce BUT forme à la conception et à la réalisation de sites Internet et de produits multimédias (sites Web, jeux en ligne ou sur mobile...). Pluridisciplinaire, il associe l'informatique à la culture du Web (communication, design numérique...). Une partie de la formation porte sur l'information et la communication, l'écriture pour les médias numériques, l'expression artistique, la gestion de projet, l'entreprise. Une autre partie concerne l'aspect technologique : services réseaux (infrastructure, administration et sécurité), programmation, production audiovisuelle (image, son, montage), infographie. Les étudiants apprennent à analyser les besoins des usagers, à développer un site Web ou une application mobile, à organiser et à gérer des bases de données...

ET APRÈS ?

Accès à des postes de concepteur multimédia, d'intégrateur, d'infographiste. Poursuite d'études possible en master création numérique, en école d'ingénieurs ou de commerce.

* Sous réserve de la mise en place du BUT en septembre 2021.

Quelles poursuites d'études ?

Didier Moya,
chef du département MMI
(métiers du multimédia et de l'Internet),
à l'IUT de Vichy (03)

« La majorité de nos diplômés poursuivent leurs études. Et comme la formation est pluridisciplinaire, les possibilités ne manquent pas : arts plastiques, information-communication, informatique, etc. Les étudiants peuvent également choisir de rejoindre une école spécialisée en communication visuelle ou en création multimédia, ou encore intégrer, via les admissions parallèles, une école d'ingénieurs proposant un cursus en informatique, réseaux ou multimédia. Ils doivent donc, durant leur BUT, construire leur projet professionnel et profiter des projets tutorés et des stages en entreprise pour se faire une idée précise des métiers vers lesquels ils envisagent de s'orienter... »

BUT réseaux et télécommunications*

POUR QUI ?

Principalement des titulaires du bac général ou STI2D (spécialité systèmes d'information et numérique). Quelques bacheliers professionnels systèmes numériques.

OÙ ?

Dans 32 établissements, dont 21 avec possibilité de formation en apprentissage.

AU PROGRAMME

Les étudiants apprennent à installer et à gérer tous les types de réseaux informatiques (locaux ou étendus, Internet, intranet) et de télécommunications intégrant les dernières technologies et leurs outils associés (smartphone, tablette): comment faire communiquer un ordinateur et un smartphone, un ordinateur et un serveur; comment mettre en place le réseau et le sécuriser; quels services proposer aux utilisateurs (accès Internet et messagerie, stockage d'informations...). L'enseignement général et scientifique (mathématiques, télécommunications, développement, programmation client-serveur, bases de données, communication, anglais) représente près de la moitié du programme.

ET APRÈS ?

Accès à des postes de technicien systèmes et réseaux, de responsable d'exploitation. Poursuite d'études possible en école d'ingénieurs ou en master informatique ou réseaux et télécommunications.

* Sous réserve de la mise en place du BUT en septembre 2021.

Quelles différences avec le BUT informatique ?

Christophe Chambert,
chef du département réseaux et télécommunications, à l'IUT de Roanne (42)

« Alors que le BUT informatique met l'accent sur le développement informatique et la programmation d'applications, le BUT réseaux et télécommunications insiste sur la partie télécommunications (ADSL; filaire, Wifi; 3G, 4G et bientôt 5G) et sur la configuration du matériel. Il forme des techniciens en administration et sécurité des réseaux, en architecture Internet ou encore en télécommunications fixes et mobiles au sein d'entreprises ou d'administrations. Des passerelles existent cependant: un étudiant en BUT informatique peut compléter sa formation dans le domaine réseaux et télécommunications; son homologue du BUT réseaux et télécommunications peut poursuivre ses études en développement informatique. »

BUT statistique et informatique décisionnelle (STID)*

POUR QUI ?

Principalement des titulaires du bac général, STI2D (spécialité systèmes d'information et numérique) ou STMG (spécialité management, sciences de gestion et numérique).

OÙ ?

Dans 17 établissements, dont 6 avec possibilité de formation en apprentissage.

AU PROGRAMME

Cette formation est centrée sur l'analyse et le traitement de données chiffrées à caractère économique, social ou scientifique. Les enseignements sont répartis en trois pôles. Le premier porte sur la statistique, les outils mathématiques et les probabilités, l'analyse et la présentation de données. Le deuxième s'intéresse à la programmation, à l'organisation des bases de données, aux systèmes d'information décisionnels, aux tableaux de bord et aux indicateurs de performances. La troisième partie est orientée vers le monde de l'entreprise (économie et droit, gestion, anglais, communication). Par le biais de projets, les étudiants apprennent à réaliser des enquêtes et des sondages, à analyser et synthétiser les résultats sous forme de tableaux, graphiques ou histogrammes.

ET APRÈS ?

Accès à des postes de chargé de traitement statistique, de gestionnaire de données, de chargé d'études marketing, de chargé d'études décisionnelles, de géostatisticien... Poursuite d'études possible en école d'ingénieurs ou en master MIAGE (méthodes informatiques appliquées à la gestion des entreprises).

* Sous réserve de la mise en place du BUT en septembre 2021.

Des projets grandeur nature

Laurent Bureau,
responsable du département STID,
à l' IUT de Poitiers-Niort-Châtellerault (79)

« Les étudiants sont formés à l'analyse statistique, à la visualisation des données ainsi qu'à la rédaction de rapports synthétiques. Durant leur cursus, ils participent à plusieurs projets tutorés, confiés par des professionnels, avec un cahier des charges précis. Un groupe a, par exemple, mené une étude pour un laboratoire d'analyses en santé animale. Les vétérinaires, chargés du suivi sanitaire des animaux d'élevage, souhaitaient connaître l'efficacité des antibiotiques sur différentes pathologies. Le laboratoire a fait appel à nos étudiants pour l'aider à mettre en place un outil d'aide à la décision comprenant un logiciel de *data* visualisation connecté à une base de données unique, regroupant l'ensemble des résultats des analyses vétérinaires. Cet outil a permis de réaliser des études statistiques et de mieux comprendre la résistance des bactéries aux antibiotiques. »

LES LICENCES PROFESSIONNELLES à la loupe

Après le bac, un bac + 1 ou + 2

→ En 1 à 3 ans

Repère

Pour une admission post-bac, les candidatures sont gérées par Parcoursup, la plateforme nationale de préinscription en 1re année de l'enseignement supérieur. Pour les autres niveaux d'admission, il faut s'adresser directement aux établissements de formation.

À savoir

Spécifiques à l'établissement qui délivre la formation, les programmes, la durée des études, les modalités d'accès et les débouchés varient d'une licence professionnelle à l'autre. Les parcours de formation sont aussi différenciés en fonction des acquis de l'étudiant.

En cours de réforme, certaines licences professionnelles deviennent accessibles dès le bac. Différentes mentions permettent de se spécialiser dans le numérique.

SÉLECTION SUR DOSSIER

Désormais d'une durée variable de 1, 2 ou 3 ans, la licence professionnelle est accessible aux titulaires du bac ou aux étudiants ayant validé de 30 à 120 crédits ECTS (par exemple dans le cadre d'une licence ou d'un BTS compatible avec la mention demandée). L'admission se fait sur dossier, lettre de motivation et, parfois, entretien. Une attention particulière est portée à la connaissance du secteur et aux éventuelles activités menées par le candidat (projets, stages, vie associative, etc.). Ceux qui choisissent l'apprentissage doivent au préalable trouver un employeur.

UNE FORMATION PROFESSIONNALISANTE

Le point fort de cette formation est l'expérience professionnelle. Les étudiants mènent des projets tutorés, le plus souvent en groupe et en partenariat avec une entreprise : par exemple, la mise en œuvre d'une procédure de tests d'une application mobile en licence pro métiers de l'informatique. Ils effectuent par ailleurs plusieurs semaines de stage. Une partie des cours est assurée par des professionnels en exercice. Enfin, certaines licences professionnelles sont proposées en apprentissage.

DES EFFECTIFS RÉDUITS

L'enseignement a lieu à l'université ou au sein d'établissements partenaires, et les effectifs des promotions sont réduits. Entre les cours, les TD (travaux dirigés) et les TP (travaux pratiques), les projets et les périodes de stage, le rythme d'études est soutenu.

PRIORITÉ À L'INSERTION

En principe, la licence professionnelle n'appelle pas de poursuite d'études. Les diplômés sont opérationnels dès leur sortie : ils se sont spécialisés dans un domaine assez pointu et ont renforcé leur pratique. Ils bénéficient donc d'atouts pour s'insérer sur le marché du travail. Quelques-uns poursuivent toutefois leurs études, en master ou en école.

Licence pro métiers de l'informatique : applications Web

POUR QUI ?

Principalement les titulaires d'un bac+2 en multimédia ou informatique : BTS SIO (services informatiques aux organisations), BTS SN (systèmes numériques)…

OÙ ?

Dans 35 établissements, dont 17 avec possibilité de formation en apprentissage.

AU PROGRAMME

Cette formation forme au développement de la partie visible par l'utilisateur d'un site ou d'une application mobile *(front)*, mais aussi au développement de la partie invisible *(back)* qui permet de créer les différentes fonctionnalités de ce site ou de cette application. Les étudiants apprennent les langages nécessaires à la création de pages Web, comme le HTML, mais aussi à la mise en relation des différentes bases de données (PHP, SQL…). Des cours de méthodologie les préparent à gérer un projet Web de A à Z. Lors de séances de TP (travaux pratiques), ils réalisent des sites Web dynamiques, des sites d'e-commerce ou encore des applications mobiles. Ils suivent également des cours de webdesign, de gestion (études de marché, droit et fiscalité…) et de création d'entreprise.

ET APRÈS ?

Accès à des postes de webdesigner, de chef de projet Web technique. Poursuite d'études possible avec un excellent dossier dans un master du même domaine, voire en école d'ingénieurs ou en école de commerce.

Quels débouchés ?

Olivier Cherain,
responsable de la licence professionnelle métiers de l'informatique : applications Web, à l'IUT de Troyes (10)

« Notre IUT propose le parcours développement Web *front & back*. La partie *front* (ou visible) désigne les interfaces avec lesquelles les utilisateurs interagissent (sites Web, applications mobiles). Dans ce domaine, la notion d'ergonomie ou d'expérience utilisateur (UX design) est devenue très importante. Le développement *back* englobe, quant à lui, tout ce qui permet de créer les fonctionnalités de ces applications ou sites, de les rendre dynamiques. Ces deux spécialités recrutent. Tous nos étudiants sont en alternance et travaillent en entreprise comme développeurs *back* ou *front*. Leur formation achevée, ils peuvent exercer dans les agences digitales ou pour les entreprises qui développent des sites d'e-commerce. »

LES LICENCES ET LES MASTERS à la loupe

Après le bac

→ En 3 à 5 ans

L'université propose des spécialisations en informatique, création numérique, science des données, etc. Après des débuts pluridisciplinaires, les étudiants affinent leur choix en master.

UN PARCOURS EN PLUSIEURS TEMPS

Les études longues à l'université commencent par la licence (en 3 ans après le bac), qui apporte le socle de connaissances scientifiques. Pour développer leurs compétences professionnelles, les étudiants poursuivent le plus souvent en master (en 2 ans) ou en école spécialisée. Ceux qui préfèrent rejoindre le marché du travail plus rapidement peuvent préparer une licence professionnelle, de niveau bac + 3.

BIEN CHOISIR SA LICENCE

Informatique, MIASHS... quelle mention viser en fonction de son profil et de son projet ? Il est indispensable de se renseigner sur les attendus en licence et de prendre l'avis d'enseignants lors des journées portes ouvertes des universités. Si les licences sont ouvertes à tous les bacheliers, certains profils d'élèves sont plus adaptés que d'autres selon les domaines.

SPÉCIALISATION PROGRESSIVE

Assurant la transition entre le lycée et l'université, le programme de L1 est pluridisciplinaire, ce qui facilite les réorientations si besoin. Les 2 années suivantes (L2 et L3) permettent d'approfondir les bases de la discipline choisie. Amorcée par un choix de parcours souvent en L3, la spécialisation prend effet au cours des 2 années de master. Des stages réalisés dès la licence ou un cursus en apprentissage sont l'occasion de renforcer son expérience du terrain.

AUTONOMIE À DÉVELOPPER

En arrivant à l'université, les étudiants peuvent avoir l'impression que le rythme de travail est moins intensif qu'au lycée. Pourtant, revoir ses cours, les enrichir par des recherches personnelles et préparer les TD (travaux dirigés) exige un investissement personnel important. Le tutorat assuré par des étudiants plus avancés, les séances de soutien proposées par les enseignants et les bilans d'étape constituent autant d'aides pour réussir.

Repère

L1, L2, L3 : les 3 années de licence. Accès direct possible en L2 ou L3, sur dossier, après un BTS, un DUT, une classe préparatoire.

M1, M2 : les 2 années de master.

Pour connaître les modalités d'accès en master, consultez le portail **www.trouvermonmaster.gouv.fr.**

Licence informatique

POUR QUI ?

Les titulaires du bac général (avec spécialité scientifique).

OÙ ?

Dans 82 universités.

AU PROGRAMME

La L1 est généralement proposée sous la forme d'un portail pluridisciplinaire associant l'informatique, les mathématiques et la physique. L'objectif est de donner un socle de connaissances scientifiques solide et le temps de mûrir son orientation dans l'une ou l'autre discipline. Le volet informatique, majoritaire, aborde les différents domaines de la discipline : architecture matérielle et logicielle, algorithmique et programmation, systèmes et réseaux, bases de données, technologies Internet, développement, etc. Les mathématiques, indissociables de l'informatique, occupent une place importante : algèbre, analyse, probabilités, statistiques. Des ouvertures vers d'autres disciplines sont proposées, en gestion ou en sciences pour l'ingénieur, par exemple. Parmi les parcours de spécialisation proposés, le plus souvent en L3 : génie logiciel, systèmes et réseaux informatiques, bases de données, MIAGE (méthodes informatiques appliquées à la gestion des entreprises)...

ET APRÈS ?

Avec une L2 validée, possibilité de préparer en 1 an une licence professionnelle en sécurité des réseaux, informatique de gestion, développement. Avec une L3 validée, poursuite d'études possible en master informatique, en école d'ingénieurs ou d'informatique.

Choisir le cursus MIAGE ?

Une vingtaine d'universités proposent le cursus MIAGE (méthodes informatiques appliquées à la gestion des entreprises). Sélectif, il est accessible en L3 et se poursuit en master. Il recrute principalement des titulaires d'un bac + 2 en informatique (L2, BTS...), mais aussi d'une L2 en gestion ou en MIASHS (mathématiques et informatique appliquées aux sciences humaines et sociales). Les étudiants apprennent à concevoir, développer et faire évoluer des applications informatiques pour la gestion d'entreprises. En plus de l'informatique, ils étudient le contrôle de gestion, la finance, le droit... Cette double compétence est très recherchée en ingénierie du développement logiciel et en conseil/audit informatique.

Les CMI (cursus master en ingénierie) ?

Plus d'une trentaine d'universités regroupées au sein du réseau Figure (formation à l'ingénierie par des universités de recherche) ont mis en place des CMI (cursus master en ingénierie) en 5 ans. Adossés à une licence et à un master, ils offrent une formation renforcée dans un domaine scientifique, comme l'informatique, mais aussi n management et entrepreneuriat. Au moins trois stages et une expérience à l'étranger sont au programme. Sélectifs, ces cursus recrutent essentiellement après le bac, sur dossier et entretien (parfois tests). Les CMI comptent 20 % de cours supplémentaires par rapport à une filière universitaire classique.

Licence mathématiques et informatique appliquées aux sciences humaines et sociales (MIASHS)

POUR QUI ?

Les titulaires du bac général.

OÙ ?

Dans 29 universités.

AU PROGRAMME

La L1 est généralement proposée sous la forme d'un portail pluridisciplinaire abordant les mathématiques, l'informatique et les sciences humaines et sociales (économie, sciences cognitives...). L'objectif est de donner un socle de connaissances scientifiques et le temps de mûrir son orientation dans l'une ou l'autre discipline. Les mathématiques portent sur l'analyse, les statistiques, l'algèbre linéaire, le calcul différentiel, les probabilités... L'enseignement de l'informatique est centré sur l'algorithmique et la programmation. En économie, les étudiants abordent la microéconomie, la macroéconomie, les marchés financiers... Les sciences cognitives étudient les mécanismes de la pensée, la mémoire ou le langage. Parmi les parcours de spécialisation, proposés le plus souvent en L3 : mathématiques, statistique et informatique décisionnelle, sciences cognitives, MIAGE (méthodes informatiques appliquées à la gestion des entreprises), mathématiques ou informatique...

ET APRÈS ?

Avec une L2 validée, possibilité de préparer en 1 an une licence professionnelle en informatique ou en gestion. Après une L3 validée, poursuite d'études possible en master statistiques appliquées, gestion, mathématiques, informatique ou encore en école de commerce, d'ingénieurs ou d'informatique.

→ Autres licences

Licence mathématiques

Science des données, intelligence artificielle, sécurité informatique... les poursuites d'études dans le numérique sont nombreuses après une licence de mathématiques. Au programme : algèbre linéaire, arithmétique, géométrie, étude des fonctions, calcul différentiel, probabilités, statistiques... Quelques doubles cursus mathématiques et informatique existent. Dans 65 universités.

Licence sciences et technologies

Certaines mettent l'accent sur les mathématiques, l'informatique et l'électronique, et proposent en L3 des parcours en réseaux informatiques, management des technologies multimédias, mathématiques-informatique... Dans 21 universités.

Licence sciences pour l'ingénieur

Très pluridisciplinaire, cette licence comporte aussi de l'informatique, les systèmes intelligents, la robotique, les logiciels de calcul et de simulation, la programmation... Dans 47 universités.

Licence information et communication

Préparant aux métiers de la communication, cette licence propose des parcours en nouveaux médias et communautés numériques. Dans 43 universités.

Licence économie et gestion

Mathématiques, économie générale, statistiques, informatique et anglais sont les enseignements de base. En L3, des parcours de spécialisation en modélisation mathématique ou ingénierie économique peuvent, par exemple, mener à des masters en science des données ou MIASHS. Cette licence permet des poursuites d'études en marketing digital. Dans 79 universités.

Quelles spécialisations en master ?

Les masters en informatique offrent de nombreuses possibilités de spécialisation en conception et développement de systèmes d'information et de logiciels complexes, en administration des réseaux, ou encore en sécurité des systèmes, en réalité virtuelle et augmentée, en création d'interfaces homme-machine ou d'objets intelligents, et en informatique décisionnelle. La gestion des données de masse *(big data)*, devenue un enjeu majeur, est également abordée. Elle se situe aussi au cœur des masters en science des données ou science et ingénierie des données. Les masters en mathématiques et statistiques forment également des data scientists. De leur côté, les masters MIAGE (méthodes informatiques appliquées à la gestion) préparent au génie logiciel. Davantage orientés vers le webdesign, les masters en création numérique préparent principalement à la gestion de projet Web ou mobile. Enfin, les masters en marketing, vente permettent tous de se former au marketing digital.

Des diplômés recherchés

Fatiha Zaidi,
responsable du master informatique pour la science des données, à l'université de Paris-Saclay (91)

« Aujourd'hui, nos masters sont aussi compétitifs et appréciés par les recruteurs que les diplômes d'ingénieurs. La raison ? Une relation forte avec des partenaires industriels pour définir un programme de formation conforme aux besoins actuels du marché du travail. L'équipe pédagogique identifie de nouveaux intervenants à chaque rentrée : un tiers des enseignements sont assurés par des experts en exercice dans leur domaine. Par ailleurs, nos étudiants alternent 4 semaines en entreprise et 3 semaines à l'université. Ils sont formés à toute la chaîne de traitement du *big data* : préparation, extraction, formatage, visualisation, stockage, partage ou encore sécurisation des données. Sur 600 dossiers, nous n'en retenons qu'une trentaine. Après une pré-sélection, nous recevons chaque candidat en entretien pour vérifier la cohérence de son parcours. À la sortie, nos diplômés sont très recherchés et c'est une satisfaction pour toute l'équipe universitaire. »

LES ÉCOLES D'INGÉNIEURS *à la loupe*

Après le bac

→ En 5 ans

Après un bac + 2

→ En 3 ans

Repère

En 2020-2021, les **droits annuels d'inscription** sont de 601 € dans les écoles sous tutelle du ministère de l'Enseignement supérieur, de la Recherche et de l'Innovation, sauf dans les Écoles centrales et aux Mines de Nancy, où ils sont de 2500 €. Pour les autres écoles publiques, ils varient de 1500 à 3500 € par an. Dans les établissements privés, ils peuvent s'élever jusqu'à 10000 € l'année.

Info@

www.onisep.fr/ecoles_ingenieurs
Présentation des études en écoles d'ingénieurs.

Les écoles d'ingénieurs entièrement dédiées à l'informatique ou offrant des spécialisations dans ce domaine ne manquent pas et leurs diplômés sont très recherchés.

EN 3 ANS, EN 5 ANS

5 années d'études après le bac sont nécessaires pour obtenir le diplôme accrédité sur avis de la CTI (Commission des titres d'ingénieur). Mais le temps passé en école d'ingénieurs varie selon les établissements (en 3 ou 5 ans) et le parcours de chacun. Plus de la moitié des élèves intègrent une école après un bac+2 (une prépa scientifique, mais aussi un DUT, un BTS ou une licence) et effectuent 3 années d'études. Il est aussi possible de rejoindre une école directement après le bac pour un cursus en 5 ans.

UNE ENTRÉE SÉLECTIVE

Les sélections post-bac et post-prépa s'effectuent souvent par le biais de concours communs à plusieurs écoles. L'étude du dossier scolaire et les épreuves écrites et orales ont pour objectif de vérifier le niveau du candidat dans les matières scientifiques, ainsi que sa maîtrise de l'anglais et sa culture générale. L'oral permet en général d'évaluer sa motivation et son projet professionnel.

DES SCIENCES, MAIS PAS SEULEMENT

Majeur au début, le tronc commun scientifique (mathématiques, physique, électronique, informatique...) laisse progressivement la place aux matières de la dominante choisie: algorithmique, programmation et génie logiciel, cybersécurité, science des données... Un tiers des enseignements sont par ailleurs consacrés aux langues et à la culture d'entreprise. Au programme également: la sensibilisation à la recherche, à l'entrepreneuriat et une ouverture à l'international.

CAP SUR UN MÉTIER

Pour préparer les futurs ingénieurs au monde du travail, la formation comprend au minimum 28 semaines de stage et prévoit de nombreux projets de groupes, en lien avec des entreprises. La professionnalisation passe aussi par les cours assurés par des ingénieurs en exercice, les visites de laboratoires et de sites industriels, les forums de recrutement et les cursus en apprentissage.

Quelle place pour le numérique dans les écoles d'ingénieurs ?

De plus en plus d'écoles d'ingénieurs forment aux métiers du numérique. Au premier rang d'entre elles se trouvent une vingtaine d'établissements dédiés à l'informatique ou au numérique (3IL, Efrei, Epita...). À l'intérieur, des options pointues permettent de se spécialiser dans un domaine plus précis : les réseaux, le développement, les systèmes embarqués, la sécurité, etc. Des écoles polyvalentes, comme les Insa ou les Polytech, proposent aussi des majeures dans le numérique.

Vers quels métiers ?

Les spécialisations consacrées aux réseaux ou au développement logiciel mènent aux fonctions de spécialiste *cloud computing*, d'architecte réseau, de développeur d'applications Web ou mobiles, d'expert en cybersécurité. Quelques cursus forment plus spécifiquement des chefs de projet technique. Certains, à la frontière entre les mathématiques et la statistique, préparent des administrateurs de bases de données ou des data scientists. De nombreuses autres spécialités abordent des thématiques en plein essor comme la réalité virtuelle ou augmentée et l'intelligence artificielle. Cependant, tout cursus d'ingénieur généraliste peut conduire à un poste dans le numérique. Les projets et stages effectués pendant le cursus sont alors capitaux pour orienter son profil.

Des besoins en cybersécurité

Sébastien Bombal,
responsable de la majeure systèmes, réseaux et sécurité, à l'Epita (75)

« Avec la croissance exponentielle du numérique, les besoins en professionnels de la cybersécurité excèdent le nombre de diplômés. Chaque domaine d'activité (santé, défense, banque...) a ses spécificités en termes de réglementation, d'exigences, d'enjeux... Les profils recherchés sont de plus en plus spécialisés dans un secteur. À l'Epita, les 3 premières années du parcours ingénieur abordent les fondements théoriques de l'informatique.
Le choix de la majeure permet de se spécialiser fortement, notamment en cybersécurité. Notre attractivité tient au fait que nos enseignants sont des professionnels en poste dans des administrations ou des entreprises sensibles. Notre cursus est également agréé SecNumedu, un label décerné à certaines formations supérieures en cybersécurité. Enfin, les recruteurs se positionnent très tôt auprès de nos étudiants : le stage de dernière année constitue souvent une pré-embauche avec, à la clé, un CDI et un salaire très attractif. »

LES ÉCOLES SPÉCIALISÉES *à la loupe*

Après le bac

→ *En 1 à 5 ans*

De nombreuses écoles privées proposent des formations en développement, design ou encore e-marketing. D'autres établissements forment aux métiers purement techniques de l'informatique.

ÉCOLES DU DIGITAL

Leur particularité ? Proposer des cours portant à la fois sur le développement, le marketing digital, l'e-business, la communication, l'ergonomie, ou encore le référencement, le graphisme, le design... Toutes privées, ces écoles délivrent des titres propres, dont certains sont inscrits au RNCP (Répertoire national des certifications professionnelles). L'IIM (Institut de l'Internet et du multimédia) et l'École européenne des métiers de l'Internet délivrent, en 3 ans après le bac, des bachelors de chefs de projet digital. De son côté, Sup'Internet propose un titre de responsable de projet Web et mobile (en 3 ans après le bac). En 5 ans après le bac, Hetic forme des experts en ingénierie et management de la communication numérique. Compter entre 6000 et 8000 € l'année.

ÉCOLES D'INFORMATIQUE

Epitech, Epsi, ESGI, École 42... plusieurs écoles spécialisées en informatique proposent des formations de quelques mois à 5 ans. D'emblée, les étudiants apprennent les bases de l'informatique, les différents langages, le développement Web et mobile... Le cursus en 5 ans de l'Epitech, qui délivre un titre d'expert en technologies de l'information, débute par 1 mois d'intégration, pendant lequel les élèves se familiarisent seuls avec le code à l'aide de vidéos, d'exercices et de travaux collectifs. À l'École 42, gratuite et accessible sans condition de diplôme, l'épreuve de la « piscine » (immersion des candidats dans le grand bain du code pendant 4 semaines, sans professeurs) sert aussi à départager les plus doués en programmation et permet de tester leur motivation.

OBJECTIF INSERTION

En complément des cours magistraux, les élèves travaillent par groupes, en mode projet, pour des commandes réelles d'entreprises (conception d'un site Web, développement d'une application mobile ou d'un jeu vidéo, amélioration du référencement d'un site d'e-commerce...). Le corps enseignant est constitué majoritairement de professionnels. L'univers du numérique évoluant sans cesse, une partie des programmes est réactualisée tous les ans. Les stages et l'alternance sont privilégiés. À l'IIM, par exemple, les 3 dernières années peuvent se dérouler en apprentissage ou en contrat de professionnalisation.

Repère

Financées par différents organismes (État, Pôle emploi, régions...), les formations labellisées **GEN** (Grande École du numérique) sont gratuites pour leurs publics cibles. Des aides financières du Crous, variant entre 100 et 500 €, sont parfois octroyées. Plus d'informations sur **www.grandeecolenumerique.fr.**

Qu'est-ce que la GEN ?

La GEN (Grande École du numérique) est un réseau regroupant 500 formations courtes visant l'insertion. Ouvertes à tous les candidats, avec ou sans le bac, elles accueillent en priorité des jeunes de 18 à 30 ans déscolarisés ou en recherche d'emploi. *« Certaines sélectionnent sur test de logique et de programmation. Coder nécessite, en effet, une certaine manière de réfléchir. La motivation reste cependant notre principal critère »*, explique Samia Ghozlane, directrice de la GEN. Adaptées aux besoins des recruteurs, sur le plan national comme local, ces formations durent 8 mois en moyenne. Intensives et pratiques, elles préparent aux métiers du développement, des infrastructures et réseaux, des *data*, des objets connectés, ou encore du marketing digital.

Comment repérer une école sérieuse ?

Choisir une école privée non reconnue par l'État peut être risqué. Le titre délivré ne permet pas toujours de poursuivre ses études et les élèves ne peuvent pas bénéficier des bourses attribuées sur critères sociaux. Néanmoins, certains de ces établissements se distinguent, notamment par l'enregistrement de leur titre au RNCP, qui atteste du niveau d'insertion professionnelle des diplômés. Hetic, l'IIM et Sup de Web délivrent un titre certifié niveau 7 (bac + 5). L'ancienneté de l'école et l'importance du réseau des anciens élèves est un autre critère, déterminant au moment de chercher du travail. Les liens avec le milieu professionnel, la place de l'alternance dans le cursus et la qualité des équipements sont également à prendre en compte. *« Je conseille aussi de vérifier l'inscription de l'école à des réseaux professionnels, comme IAB France ou Talents du numérique »*, ajoute Emmanuel Peter, directeur de l'IIM.

École du digital : quels avantages ?

Frédéric Sitterlé,
directeur d'Hetic, à Montreuil (93)

« À la différence des écoles d'informatique, les écoles du digital préparent à tous les métiers du numérique, et pas uniquement aux fonctions techniques du développement. Le digital est au cœur de nos cursus. Nos étudiants travaillent dès la 1re année en mode projet et occupent à tour de rôle des fonctions variées : développeur, UX designer, traffic manager… Grâce à nos partenariats avec des entreprises du secteur, ces projets sont des commandes réelles, pouvant s'étaler sur 1 semaine, jusqu'à 1 année entière. Notre valeur ajoutée est donc de former des étudiants immédiatement opérationnels à leur sortie, dotés de compétences techniques, indispensables, mais aussi d'un savoir-être (capacité à s'adapter, à innover…). Ce sont ces qualités qui font la différence au moment de l'embauche. À titre d'exemple, 98 % de nos diplômés signent un CDI avant la fin de leurs études. »

LES ÉCOLES DE COMMERCE *à la loupe*

Après le bac

→ En 3, 4 ou 5 ans

Après un bac + 2

→ En 3 ans

Voie d'accès aux métiers du marketing digital, les écoles de commerce sont diverses par la durée de leurs cursus, les diplômes délivrés et le niveau exigé pour y entrer.

DES FORMATIONS APRÈS LE BAC

Les écoles proposant des cursus en 3, 4 ou 5 ans après le bac s'adressent en priorité aux bacheliers généraux et STMG. Elles sont accessibles sur concours. Les écrits (questionnaires à choix multiple de logique et d'anglais ; résumé de texte) ont lieu avant ceux du bac. S'ils ne nécessitent pas de révisions particulières, ils supposent d'avoir fait les démarches d'inscription à temps.

DES FORMATIONS APRÈS UN BAC+2

Conduisant au niveau master, un autre ensemble de formations est accessible après une classe préparatoire économique et commerciale (moins de la moitié des élèves), ou après un bac+2 (BTS, DUT ou L2), un bac+3 ou un bac+4, via les admissions parallèles. Les concours des admissions parallèles ressemblent aux concours post-bac, tandis que les épreuves post-prépa font appel aux connaissances accumulées pendant les 2 années de classe préparatoire et exigent un bon niveau en mathématiques.

PLUS OU MOINS RECONNUES

Avec un coût moyen de 10 500 € par an, une école de commerce privée ne se choisit pas au hasard. Quelques critères distinguent les formations sérieuses : la reconnaissance de l'établissement par l'État ; le visa du diplôme par le ministère de l'Enseignement supérieur, de la Recherche et de l'Innovation ; le grade de master pour les formations menant à un bac+5 ; la détention de labels européens (Equis ou Epas) ou américains (AACSB).

PLUS OU MOINS SPÉCIALISÉES

Comptabilité, marketing, communication, contrôle de gestion, droit des affaires, ressources humaines : les 1res années sont généralistes et couvrent l'ensemble des fonctions de l'entreprise. Les spécialisations, plus ou moins marquées, interviennent en fin de parcours. Stages, travaux de groupes et interventions de professionnels : la pratique occupe toujours une place de choix. Autres spécificités de ces cursus : la vie associative et l'ouverture à l'international (les élèves partent au minimum 1 semestre à l'étranger pour un échange universitaire ou un stage en entreprise).

Repère

En 2 ans après le bac, les prépas économiques et commerciales se déclinent en deux voies : **ECG** (générale) pour les bacheliers généraux, et **ECT** (technologique) pour les bacheliers STMG.

Des spécialisations dans le digital ?

Marketing à l'ère digitale à Audencia, stratégie digitale à l'EM Normandie, e-marketing et stratégies digitales à l'EM Strasbourg, marketing digital à emlyon business school, *Marketing and Digital Communication* à ESCP Business School, webmarketing à l'Essca... la plupart des écoles de commerce reconnues par l'État et délivrant le grade de master proposent en dernière année des spécialisations en marketing digital ou en e-commerce. Et même lorsque cette orientation numérique n'apparaît pas dans l'intitulé des spécialisations, toutes les écoles de commerce préparent désormais aux métiers du marketing digital. Les missions réalisées pendant les stages et le type d'entreprise où ceux-ci se sont déroulés constituent d'autres marqueurs forts pour s'insérer ensuite dans ce domaine. Certaines écoles, comme emlyon ou Skema, permettent également de se spécialiser en *data science*.

Bac+3 ou bac+5 ?

Des spécialisations en marketing digital ou en e-business existent aussi dans certains bachelors, en 3 ans après le bac. Plus généralistes et ne visant pas le même niveau d'insertion professionnelle que les écoles de niveau master, les bachelors préparent à des fonctions de référenceur ou de community manager, quand un diplôme de niveau bac+5 donne accès à des postes de consultant en marketing digital, par exemple.

École de commerce ou école du digital ?

Cédric Ghetty,
directeur académique du MSc Digital Marketing de Kedge BS à Marseille (13) et du MS Marketing Digital et Data (campus de Paris)

« Le marché de l'emploi dans le numérique explose. La force des écoles de commerce est de donner un socle de connaissances large et de favoriser les évolutions de carrière. On attend d'un manager qu'il maîtrise les outils, mais surtout qu'il ait une approche transversale. Notre formation apporte une vision globale du monde numérique. Nous abordons l'UX design et le développement, le marketing d'influence et la gestion de projet, mais aussi les questions de droit et de protection des données. Choisir une grande école, c'est choisir une marque et bénéficier de la relation de confiance nouée avec les entreprises qui recrutent nos diplômés et qui connaissent la qualité de nos formations. Nous avons d'ailleurs un comité de perfectionnement, constitué d'acteurs du numérique, qui veille à l'adéquation de notre programme avec les besoins du secteur. »

LES ÉCOLES DE GRAPHISME *à la loupe*

Après le bac
→ En 2 à 5 ans
Après un bac + 2
→ En 1 à 3 ans

Les formations en design graphique se déroulent au sein d'établissements publics ou privés. Sélectives, elles mènent, selon le cas, à des diplômes nationaux.

DES ÉCOLES PUBLIQUES TRÈS RECHERCHÉES

Une quarantaine d'écoles des beaux-arts préparent au DNA (diplôme national d'art) en 3 ans, puis au DNSEP (diplôme national supérieur d'expression plastique) en 2 ans. Une vingtaine d'entre elles proposent des spécialisations en graphisme. Des écoles supérieures d'arts appliqués (Estienne, Duperré, Ensaama à Paris ; l'Esaat à Roubaix ; lycées Alain Colas à Nevers et La Martinière-Diderot à Lyon) préparent au DN MADE (diplôme national des métiers d'art et du design) mention graphisme en 3 ans, puis au DSAA (diplôme supérieur d'arts appliqués) en 2 ans. L'Ensad, à Paris, délivre un diplôme propre en design graphique/multimédia en 5 ans (grade de master). Ces écoles, aux droits de scolarité modérés, attirent beaucoup de candidats pour un nombre limité de places.

DES ÉCOLES PRIVÉES À DIFFÉRENTS NIVEAUX

Sélectives, les écoles privées délivrent des certificats d'écoles en 2 à 5 ans. Quelques formations sont reconnues par l'État comme celle d'Émile Cohl ; d'autres sont enregistrées au RNCP, ce qui renseigne sur la qualité de la formation et le niveau de qualification à la sortie. Certaines écoles jouissent d'une solide réputation dans la profession comme l'ECV, Esag, Lisaa ou encore Gobelins-École de l'image, ce qui constitue un tremplin vers l'emploi. Certains établissements privés délivrent le DN MADE. Partout, la scolarité est chère. Il est possible d'obtenir des bourses dans les écoles reconnues par l'État.

ENTRE ART ET COMMUNICATION

Dessin d'observation, volume, couleur : tous les cursus commencent par l'acquisition des techniques d'expression plastique. Savoir dessiner est la clé pour aborder la création graphique. Autre axe majeur, la relation texte/image et la typographie, car le graphiste communique par le visuel. Pluridisciplinaires, les cursus abordent aussi bien l'édition que la publicité ou l'identité visuelle (création de logos, signalétique, etc.). Et ce, sur tous les supports.

À savoir

Publiques ou privées, les écoles d'art exigent des fournitures scolaires spécifiques. Papier, crayons, carnets de croquis, mais aussi ordinateur équipé de logiciels de création. Compter 500 € par an.

Info@

www.onisep.fr/ecoles_art
Pour se repérer dans les différentes filières artistiques post-bac.

www.onisep.fr/book_artistique
Pour découvrir en images le dossier de travaux artistiques.

Quel profil pour intégrer une formation ?

Le bac n'est pas toujours exigé. Quand il l'est, les bacheliers généraux ont autant de chances que les STD2A. Outre le dossier scolaire, les candidats doivent présenter un dossier de travaux artistiques personnels ou *book*. Ils auront à expliquer leur démarche au cours d'un entretien. L'accès à certaines écoles est parfois conditionné par la réussite à un concours ou à des épreuves (arts plastiques, culture générale, dissertation...). Aux beaux-arts, le taux de sélection est d'environ 30 %. Passer par une année préparatoire artistique peut aider à acquérir culture et pratique des arts. Une vingtaine de prépas publiques existent, réparties en France, et regroupées au sein de l'Appea (Association nationale des prépas publiques aux écoles supérieures d'art). Des admissions en cours de cursus sont également possibles avec le niveau d'études requis, sur dossier, entretien et/ou épreuves.

Privé ou public, quels frais de scolarité ?

Les écoles publiques ont l'avantage de délivrer des diplômes reconnus à bac + 5 au terme d'une formation peu coûteuse (500 € l'année en moyenne aux beaux-arts), voire gratuite (dans les écoles supérieures des arts appliqués). Il faut cependant compter 92 € de CVEC (contribution vie étudiante et de campus), ainsi que les dépenses liées aux fournitures (feuilles de dessin, crayons, carnets de croquis, etc.). Du côté des écoles privées, les frais de scolarité s'avèrent nettement plus élevés : entre 1 400 et 1 950 € par an pour le DN MADE ; 8 500 € aux Gobelins ; et jusqu'à 10 000 € par an pour certains cursus.

Écoles d'art, quelle place pour le numérique ?

Les formations répondent à l'évolution des pratiques professionnelles en proposant des spécialisations ou modules centrés sur l'infographie, le webdesign, les effets visuels, le design d'interface, l'animation, etc. Tous les cursus prévoient le maniement des logiciels de création graphique (Illustrator, Flash, InDesign, etc.) et certaines écoles mettent des ordinateurs à la disposition des élèves. Objectif : leur apporter la polyvalence qui leur sera nécessaire et la maîtrise des outils de création.

Comment s'organise la pratique ?

Comprendre la demande d'un client, les attentes de l'utilisateur et apporter la meilleure réponse graphique s'acquiert avec la pratique. Les cursus s'appuient sur les stages et une pédagogie de projet, individuel et collectif, au sein d'ateliers de création. Les étudiants travaillent sur des commandes fictives ou réelles. Les cursus longs prévoient une réalisation en dernière année, présentée devant un jury de professionnels. L'apprentissage n'est, en revanche, pas très répandu dans ces écoles.

PARCOURS D'ÉTUDES
À chacun son chemin

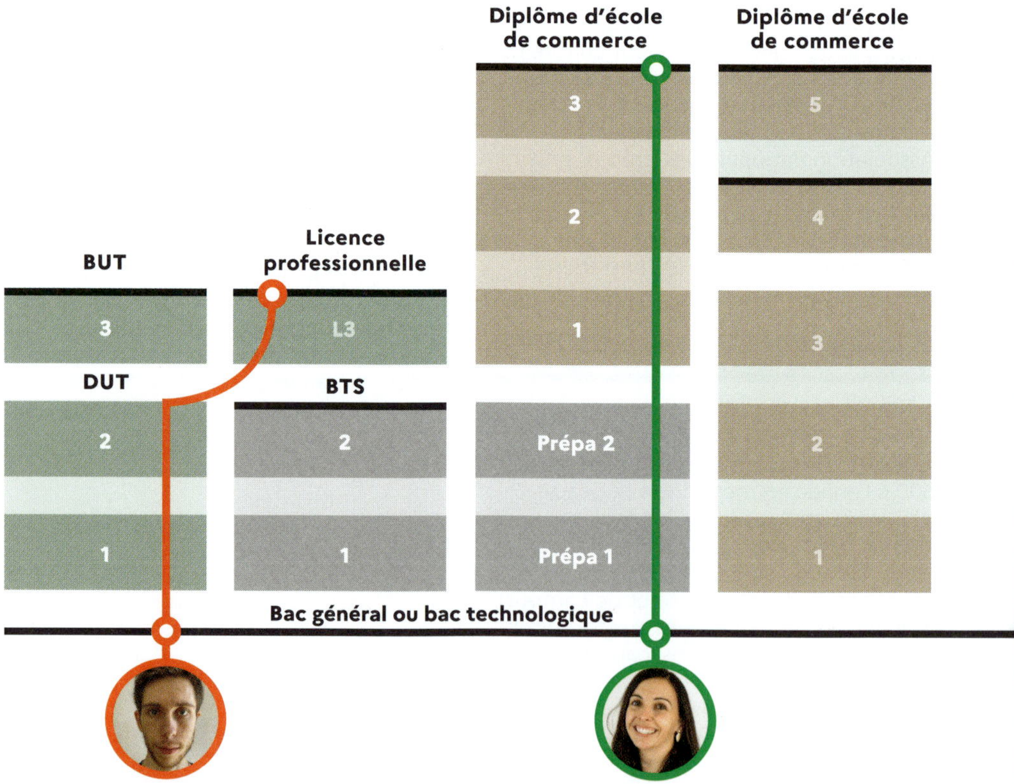

Brandon
Du bac STI2D à la licence professionnelle
→ p. 92

Céline
Du bac général à un bac+5 en école de commerce
→ p. 94

Il existe des passerelles entre les filières.

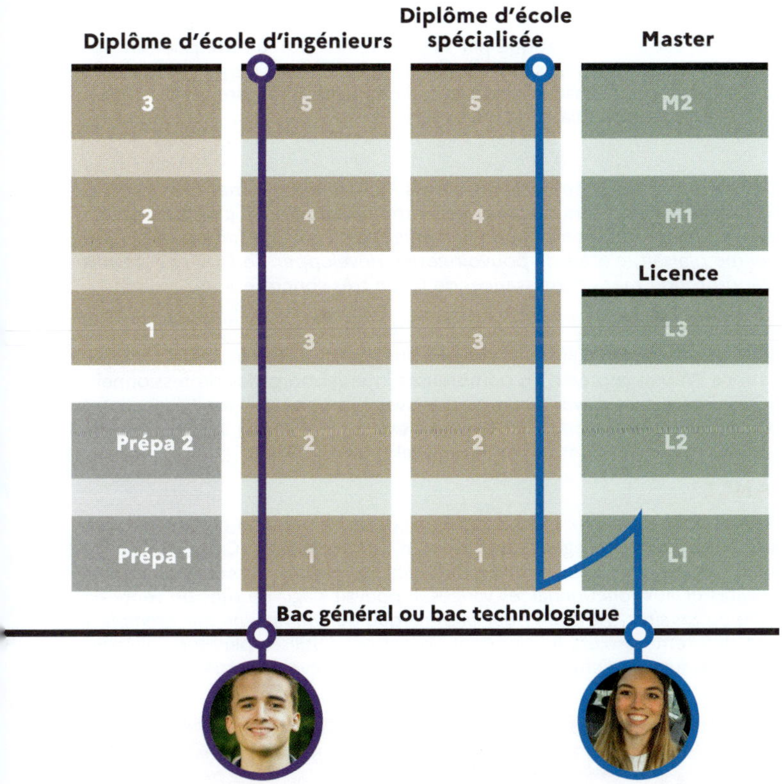

Marc
Du bac général à un diplôme d'ingénieur
→ p. 95

Louise
Du bac général à un bac+5 en école du digital
→ p. 93

Lexique

BTS : brevet de technicien supérieur

BUT : bachelor universitaire de technologie

DUT : diplôme universitaire de technologie

L : licence

M : master

Université Lycée École

Diplôme

VERS UNE LICENCE PROFESSIONNELLE

« L'alternance m'a permis de me confronter à une grande variété de projets. »

Brandon Leininger, 22 ans

BAC STI2D

Initié très tôt à l'informatique par sa famille, Brandon a opté pour un bac technologique STI2D. Des modules lui ont notamment permis d'étudier la programmation. À l'issue de son bac, il choisit de s'inscrire en DUT* MMI (métiers du multimédia et de l'Internet).

DUT MMI

Cette formation prépare à différents domaines comme le marketing digital, le développement Web, la communication ou le graphisme. *« J'ai ainsi pu me rendre compte que le marketing n'était pas fait pour moi. Ce qui me plaisait, c'était de pouvoir coder, développer. Le DUT m'a permis d'approfondir mes connaissances de façon très concrète. »*

LICENCE PROFESSIONNELLE

Suite directe du DUT, Brandon prépare une licence professionnelle en applications Web. Il apprécie les nombreuses interventions des professionnels. *« C'est intéressant d'avoir des échanges avec le monde du travail concernant des métiers que l'on peut être amené à exercer plus tard. »* Ses points forts sont les matières scientifiques et le développement Web.

EN ALTERNANCE

Pour se donner un maximum d'atouts, il choisit de préparer cette licence en alternance dans une agence de communication digitale. *« Cette expérience a été très enrichissante. J'intervenais sur les sites de plusieurs entreprises, aux finalités et aux fonctionnalités variées. Il pouvait s'agir de sites de vente en ligne ou de sites "vitrines", pour une marque de champagne par exemple. »* Ces différents projets lui donnent l'occasion d'utiliser plusieurs langages informatiques et d'enrichir ses compétences en développement Web.

Brandon suit en alternance une formation complémentaire de développeur Web dans une école du digital. À son issue, il espère être embauché en CDI dans son entreprise actuelle, qui développe des logiciels et solutions à destination de négociants en vin.

* Le DUT devrait devenir un BUT (bachelor universitaire de technologie, en 3 ans après le bac) en septembre 2021 (réforme en cours).

VERS UNE ÉCOLE DU DIGITAL

« Cette mission m'a fait comprendre l'importance du numérique. »

Louise Supplisson, 21 ans

CHANGEMENT DE CAP

Après le bac, Louise entame une licence de relations internationales, mêlant du droit, de l'économie, de l'histoire et de la science politique. *« C'était une formation très intéressante, mais au bout de 1 an, je me suis rendu compte que ce n'était pas du tout ce que je voulais faire. J'ai alors décidé de me réorienter vers un autre domaine, sans savoir précisément lequel. »*

DÉCOUVERTE DES MÉTIERS

Indécise, Louise entreprend quelques mois de stage au sein d'un cabinet d'avocats pour se familiariser avec le monde de l'entreprise et réfléchir à son avenir. *« Lors de ce stage, j'ai eu comme mission de restructurer le site Internet du cabinet. C'est de cette manière que j'ai découvert l'importance du numérique dans le monde du travail et les nombreux métiers liés au Web, notamment ceux du webdesign et de la création graphique. »*

CHOIX D'UNE ÉCOLE

Motivée par la perspective d'apprendre un métier du numérique, Louise entreprend des recherches sur les formations et s'aperçoit qu'il existe de nombreuses écoles spécialisées. Elle en repère trois proches de son domicile, dont Hetic. *« C'est en allant aux journées portes ouvertes des différents établissements que j'ai décidé de m'inscrire à Hetic : j'ai été séduite par l'ambiance qui y régnait, par le contenu des formations et par la diversité des métiers auxquels elle prépare. »*

FORMATION PLURIDISCIPLINAIRE

Louise est en 1re année du cursus en 5 ans d'Hetic. Le programme aborde les différents champs de compétences du numérique : développement et programmation, design graphique, marketing digital, gestion de projet… *« Cela va me permettre de découvrir mes appétences pour telle ou telle famille de métiers… et de construire petit à petit mon projet professionnel. »*

Pour choisir son futur métier, Louise compte sur les nombreux stages prévus dans son cursus, ainsi que sur la dernière année, qui se déroulera en alternance en entreprise.

VERS UNE ÉCOLE DE COMMERCE

« En multipliant les stages, j'ai pu consolider mon projet professionnel. »

Céline Le Bellego, 30 ans

PRÉPA ÉCONOMIQUE ET COMMERCIALE

Son bac général en poche, Céline décide d'intégrer une école de commerce. *« Je voulais bénéficier d'une formation généraliste et reconnue, avec un large choix de débouchés. »* Visant les établissements les plus prestigieux, elle s'inscrit en prépa économique et commerciale, afin de mettre toutes les chances de son côté.

ÉCOLE DE COMMERCE

Sa stratégie se révèle payante. Admissible dans plusieurs écoles, Céline choisit Burgundy School of Business, séduite par l'ambiance du campus de Dijon. Durant les 2 premières années, généralistes, elle se familiarise avec les fondamentaux en économie, management, droit, marketing, comptabilité... *« C'est à ce moment-là que mon intérêt pour la communication et le marketing a commencé à se développer. »*

ANNÉE DE CÉSURE

Entre la 2e et la 3e année, Céline choisit de faire une année de césure pour effectuer un stage long. Elle est recrutée comme chargée de communication assistante par un groupe spécialisé dans l'événementiel. *« J'étais responsable de la communication de salons professionnels sur le site Internet et les réseaux sociaux et auprès des médias. Cette première expérience significative m'a permis de découvrir concrètement les rouages de la communication et du marketing digital. »* Elle choisit cette spécialisation en 5e année.

STAGE DE FIN D'ÉTUDES

Céline effectue son stage de fin d'études comme chargée de communication chez BNP Paribas. *« Organisation d'événements, création de supports de communication, envoi de newsletters... ce stage a été très formateur, car j'ai accompli des tâches variées. »* Ayant fait ses preuves, Céline se voit proposer, dès l'obtention de son diplôme, un poste de chargée de communication. *« Multiplier les stages m'a permis de consolider mon projet professionnel. »*

Après avoir travaillé dans la communication, puis dans la stratégie marketing, Céline est aujourd'hui consultante en marketing digital chez iProspect, une agence spécialisée dans la performance digitale.

VERS UNE ÉCOLE D'INGÉNIEURS

« J'avais envie de découvrir le travail au sein d'une équipe multiculturelle. »

Marc Damie, 21 ans

BAC SCIENTIFIQUE

Après son bac scientifique, Marc cherche une formation de haut niveau en informatique. Il choisit le cursus ingénieur de l'UTC Compiègne, qui offre une grande autonomie et de larges choix de cours. De quoi satisfaire sa soif d'apprendre et de découvrir de nouvelles disciplines, comme les sciences cognitives ou l'intelligence artificielle.

CURSUS INGÉNIEUR

Après 2 ans de tronc commun (cycle préparatoire), l'UTC permet de choisir entre cinq grandes branches, offrant chacune plusieurs spécialisations pointues en dernière année. Marc s'est orienté en data science (science des données) et a choisi la spécialité fouille des données et décisionnel. *« Mon goût pour la programmation m'a guidé naturellement vers l'informatique. Et mon appétence pour les mathématiques m'a conduit à creuser la problématique des données »*, explique Marc.

STAGES

Pour Marc, les stages ont été déterminants: *« Ils sont essentiels pour se confronter au terrain et découvrir ce qu'on a vraiment envie de faire. »* Pour son premier stage long, en 4e année, il choisit une société de cybersécurité pour découvrir les différents domaines de ce secteur: cryptographie, réseau, développement... *« Cette expérience a été décisive »*, analyse le jeune homme. Il se rend alors compte à quel point l'esprit d'initiative, le sens du travail en équipe et l'autonomie sont nécessaires pour réussir.

CÉSURE À L'ÉTRANGER

Souhaitant avoir une expérience longue à l'étranger avant la fin de son cursus, il choisit de partir 6 mois dans un laboratoire néerlandais pour faire de la recherche dans le domaine de la cybersécurité: *« Après mon stage sur les systèmes de détection d'intrusions, j'ai eu envie de creuser le sujet de la sécurité des données. C'était aussi l'occasion de découvrir comment s'organise un travail de recherche au sein d'une équipe multiculturelle. »*

Après son diplôme d'ingénieur, Marc souhaite poursuivre en doctorat, dans une université étrangère, puis décrocher un poste d'ingénieur en recherche et développement dans un grand laboratoire industriel.

EMPLOI

LES EMPLOYEURS DU SECTEUR

Environ 800 000 personnes exercent actuellement un métier du numérique. Et les besoins devraient continuer à augmenter dans les prochaines années. Panorama des acteurs du secteur.

LES ENTREPRISES

Montée en puissance de l'e-commerce, multiplication des banques en ligne, essor des maquettes numériques dans le bâtiment, déploiement de mini-robots dans le domaine de la santé... aujourd'hui, le numérique s'invite partout : englobant à la fois l'informatique et le digital (Web, applications mobiles et réseaux sociaux), il touche tous les secteurs d'activité et bouscule nos modes de consommation. Conséquence : toutes les entreprises, des compagnies d'assurances aux géants de l'industrie, en passant par les médias, la grande distribution ou encore le secteur public, développent une stratégie numérique. L'enjeu est triple : automatiser ou rationaliser certaines tâches, investir les nouveaux canaux de diffusion pour vendre ses produits ou services, mais aussi pour communiquer avec ses clients ou partenaires.

LES AGENCES SPÉCIALISÉES

Ces agences vendent leur expertise digitale à d'autres sociétés.
D'un côté, les agences Web gèrent les aspects techniques de la création de sites (architecture, maintenance, hébergement...). Elles font travailler des architectes Web, des développeurs, des webdesigners, etc.
De l'autre, les agences spécialisées en stratégie ou en performance digitale accompagnent leurs clients dans la conception de campagnes de publicité en ligne et l'élaboration de leur stratégie marketing. Elles emploient notamment des chargés de référencement, des traffic managers, des e-réputation managers et des consultants en marketing digital, dont le rôle est d'accroître la visibilité d'une entreprise sur la Toile et de promouvoir son image de marque, en attirant de nouveaux clients.

4 emplois du numérique sur 10 se situent en Ile-de-France.

LES PRESTATAIRES TECHNIQUES

Les entreprises et les agences Web sous-traitent parfois la partie technique de leurs projets numériques à des prestataires. Les ESN (entreprises de services du numérique), comme Atos, Capgemini ou Altran, proposent leurs conseils, notamment dans les domaines de l'architecture réseaux et des systèmes d'information. Côté programmation, quelque 2 500 sociétés spécialisées développent des logiciels d'entreprises : embarqués pour l'industrie ; dédiés à la finance, aux professions de santé ou au domaine des jeux vidéo... Elles emploient de nombreux développeurs, mais aussi des programmeurs... Selon Syntec Numérique, environ 510 000 salariés exercent au sein des ESN et des éditeurs de logiciels.

LES START-UP

BlaBlaCar, Leboncoin, Airbnb, Vinted... Start-up à leur création, ces entreprises ont révolutionné les usages, grâce à une simple application mobile. Innovantes par leur activité, leur mode de commercialisation ou leur modèle économique, les start-up sont de jeunes entreprises spécialisées dans les nouvelles technologies : réalité virtuelle ou augmentée, *big data*, jeux vidéo, intelligence artificielle, cybersécurité, 5G... Avec un fort potentiel de croissance, elles créent et développent des applications mobiles, des objets connectés, des sites d'e-commerce, des plateformes communautaires... Elles recrutent des architectes d'applications mobiles, des ingénieurs en réalité virtuelle, des développeurs, des data scientists, des UX designers ou encore des spécialistes du marketing digital.

LES CONDITIONS DE TRAVAIL

Travail d'équipe et esprit collaboratif, gestion de projet, agilité, rigueur… exercer un métier du numérique ne signifie pas toujours travailler seul, derrière son écran. Aperçu du quotidien des professionnels du secteur.

Réactivité
Un enjeu crucial

Essor des réseaux sociaux oblige, les informations circulent à grande vitesse. Dans ce contexte, maîtriser son e-réputation et optimiser son image de marque représente un enjeu stratégique pour les entreprises. Community manager à l'UCPA, Clémence Boutillot répond chaque jour aux questions, nombreuses, des internautes. *« Il faut leur apporter une réponse dans la journée. Il en va de l'image de l'UCPA sur le Web. »* Assurer le succès d'une campagne de publicité demande également de la réactivité. *« Grâce aux outils de tracking, je peux suivre en temps réel l'impact de nos campagnes et ajuster le tir, par exemple en supprimant une bannière animée au profit d'une publicité vidéo, si la seconde a plus de succès »*, poursuit Céline Le Bellego, consultante en marketing digital. Intrusion dans les comptes mails, programmes malveillants tentant de s'introduire dans les serveurs… les experts en cybersécurité sont, eux aussi, tenus d'intervenir le plus rapidement possible. Quand il prend en charge une alerte, Thomas Momenzadeh, expert en sécurité, dispose de 4 heures maximum pour la traiter : identifier la faille, arrêter l'intrusion et préconiser de nouvelles règles pour contrer ce type d'attaque.

Rigueur
Traquer les anomalies

Quand on travaille dans le secteur du numérique, pas question de se contenter d'un à-peu-près. Intégratrice Web indépendante, Jennifer Calipel confie : *« Pour fabriquer les pages Web, j'interviens après les webdesigners. Je dois être attentive à chaque détail de leurs prototypes visuels. Dans ma fonction, il faut avoir l'œil et être très minutieux. »* Même analyse de la part d'Hugo Parra, testeur consultant, chargé de vérifier le bon fonctionnement des applications avant leur mise sur le marché : *« Du graphisme aux fonctionnalités, je ne laisse rien au hasard. Être féru de nouvelles technologies ne suffit pas, il faut être très attentif et patient. »* Cette rigueur est aussi précieuse aux experts de la sécurisation des données, un domaine sensible. Délégué à la protection des données, Victor Larger approuve : *« Garantir la confidentialité des coordonnées de chaque utilisateur exige rigueur et sens du détail. En cas d'erreur, l'entreprise risque des sanctions financières. »*

Gestion de projet
Tenir les délais

Le respect des délais est un impératif de taille. *« Je dois être à l'écoute du client, pour proposer la solution digitale la plus adaptée à ses objectifs, à son budget, mais aussi à ses échéances »*, explique Céline Le Bellego, consultante en marketing digital. Jérémie Fourmann, architecte d'applications mobiles et cofondateur de la start-up Liberty Rider, renchérit : *« Nous créons au moins une mise à jour par semaine. Pour tenir ce rythme, le travail est réparti entre les développeurs de l'équipe, les uns se consacrant aux smartphones sous Android, les autres à l'iPhone. »*

Travail d'équipe
Une collaboration fructueuse

Dans le numérique, tout projet demande l'implication de plusieurs professionnels, dont les compétences se complètent. Ingénieur en réalité virtuelle, Erdal Gunyar rappelle l'importance d'une bonne coordination d'équipe : *« Pour rendre crédible chaque expérience développée, il faut une parfaite concordance entre les images, le son et les sensations éprouvées. Nous coordonnons la modélisation et le code, afin d'ajuster en permanence le rendu final. »* Dans chaque équipe, un chef de projet chapeaute les activités des différents professionnels. *« C'est un vrai travail d'équipe. Développeurs, webdesigners ou fondateurs de la start-up… chacun tient son rôle et a son mot à dire »*, confirme Carina Chenot, cheffe de projet en apprentissage chez Luko. Écoute, partage d'informations, respect des procédures et du temps consacré à chaque tâche sont incontournables pour réussir.

Innovation
Place aux jeunes

Plus que tout autre secteur, le numérique est en perpétuelle innovation et fait la part belle aux jeunes. Selon l'association Talents du numérique, plus d'un quart des salariés a moins de 30 ans.
Pour sa dernière année en apprentissage, Carina Chenot a ciblé les start-up : *« Ce sont des entreprises innovantes et je voulais travailler avec des gens de mon âge. »* Elle y apprécie aussi l'ambiance, dynamique. Et même si, pour certains professionnels, l'essentiel du travail se déroule derrière l'écran d'un ordinateur ou d'un smartphone, les journées ne se ressemblent pas : *« J'ai des applications différentes à tester chaque jour. Je ne connais pas la routine »*, s'enthousiasme Hugo Parra, testeur consultant.

LES TENDANCES DU RECRUTEMENT

Irriguant toute l'économie et porté par des innovations permanentes, le numérique est un secteur dynamique, créateur d'emplois. Il offre de belles opportunités de carrière et de nombreuses possibilités de reconversion.

Un secteur en tension

En 2018, le numérique a connu une croissance trois fois plus élevée que le reste de l'économie et a créé plus de 60 000 emplois. Mais faute de profils adaptés, environ 10 000 postes ne trouveraient pas preneurs chaque année, selon l'association Talents du numérique. *« Tous les ans, de nouveaux secteurs de l'économie se digitalisent, créant de nouveaux besoins en professionnels formés »*, explique Sophie Bayle, du cabinet de recrutement Michael Page. Derrière un site Web ou une application mobile se cachent, en effet, des développeurs, des testeurs, des experts en analyse des données, des ingénieurs réseau... Les entreprises, des plus petites aux grands groupes, ont constamment besoin de ces différents profils techniques. *« Les développeurs, qui créent les applications ou les solutions informatiques, figurent aujourd'hui parmi les professionnels les plus recherchés, tous domaines confondus »*, précise Rémi Ferrand, directeur général de Talents du numérique.

Big data et cybersécurité

En constante augmentation, nos usages numériques créent de plus en plus de données. Leur récolte et leur analyse intéressent désormais la plupart des secteurs, de la santé aux transports, en passant par la finance ou la sécurité. *« La hausse exponentielle des* data *va impliquer des besoins de plus en plus importants en professionnels capables d'organiser, de structurer et de manipuler ces données, comme les data scientists ou les data analysts »*, indique Samia Ghozlane, directrice de la GEN (Grande École du numérique). L'inflation de ces données engendre aussi des besoins en solution de stockage *(cloud computing)*, mais aussi en professionnels aptes à les protéger. Les entreprises doivent en effet se prémunir aujourd'hui contre les attaques extérieures *(hacking)*, mais aussi contre une utilisation non conforme aux réglementations des données personnelles. Ainsi, les compétences des experts en cybersécurité sont et resteront très recherchées par toutes les organisations, ainsi que les profils dédiés à la protection des données sensibles.

Chaque année,
il manque
10 000
diplômés du numérique
sur le marché de l'emploi.

Source : Talents du numérique.

Seulement 1/3
des postes sont occupés
par des femmes.
Les initiatives se multiplient
pour augmenter cette part.

Source : *L'économie et la société à l'ère du numérique*, Insee, 2019.

91 %
des embauches se font en CDI,
contre 68 % dans les autres secteurs.

Source : Talents du numérique.

Le boom du marketing digital

Dans cette ère du tout-numérique, un autre enjeu crucial pour les entreprises est d'optimiser leur visibilité sur la Toile et de promouvoir leur image de marque. Afin d'améliorer leur référencement, de doper leurs ventes en ligne ou bien encore de fidéliser de nouveaux clients, elles ont besoin d'experts en marketing digital : chargés de référencement, community managers, traffic managers, e-réputation managers... Ces fonctions, qui tendent à se spécialiser (fidélisation, gestion de la relation client, analyse et traitement des données...), s'avèrent aujourd'hui indispensables dans un contexte très concurrentiel.

Compétences techniques... et savoir-être

Les emplois dans le numérique sont particulièrement qualifiés. *« 80 % des postes à pourvoir sont de niveau bac + 5 »*, détaille Neila Hamadache, déléguée à la formation chez Syntec Numérique. Un constat qui vaut surtout pour les grands groupes, moins pour les petites et moyennes entreprises, qui ont aussi besoin de recruter des profils à bac + 2 ou bac + 3. Au-delà des compétences techniques, indispensables, les employeurs sont très attentifs à la personnalité. *« Agilité, réactivité, polyvalence, capacité à s'adapter... ce sont toutes ces qualités qui feront la différence au moment de l'embauche »*, affirme Frédéric Sitterlé, directeur d'Hetic, école du digital. Privilégier un cursus en alternance permet d'être rapidement opérationnel. Autre impératif : se tenir à jour. *« Ces métiers exigent de se former en permanence »*, confirme Neila Hamadache, de Syntec Numérique.

LES COMPÉTENCES ATTENDUES

Maîtrise de l'anglais et des langages informatiques, polyvalence, veille, agilité… pour exercer un métier du numérique, il faut avoir plusieurs cordes à son arc. Focus sur les compétences nécessaires aux professionnels du secteur.

Agilité d'esprit
S'adapter et innover

Contrairement aux idées reçues, nul besoin d'être un as des mathématiques pour coder. *« Cela ne nécessite pas de prérequis particuliers, juste une certaine logique »*, décrypte Samia Ghozlane, directrice de la GEN (Grande École du numérique). Cette agilité est précieuse pour résoudre les *bugs*, anomalies ou dysfonctionnements qui peuvent survenir. Elle est aussi nécessaire pour passer d'un projet à l'autre. *« Avant de créer de A à Z un site pour un client, je dois m'intéresser d'abord à son secteur d'activité, puis comprendre les raisons pour lesquelles il souhaite créer ou améliorer son site »*, témoigne David Rimbault, développeur Web. L'agilité est aussi ce qui permet d'innover. *« J'améliore actuellement un algorithme pour la SNCF permettant d'anticiper le temps de retard des trains. Au-delà de la demande initiale du client, notre rôle est aussi de proposer de nouvelles idées »*, analyse Sydney Becu, data scientist consultant.

Langues
English spoken !

Langages et logiciels informatiques majoritairement anglophones, pages Web rédigées en anglais… la plupart des innovations technologiques naissent en anglais et, sur la Toile, bon nombre de sites d'information sont rédigés dans cette langue. Pour les professionnels du secteur, maîtriser au moins l'anglais technique s'impose. *« Si mon métier requiert une orthographe et une syntaxe irréprochables, il nécessite aussi d'être à l'aise en anglais et de connaître le vocabulaire appliqué au secteur (posts, newsletters…) »*, explique Clémence Boutillot, community manager à l'UCPA. D'autres fonctions exigent même d'être bilingue. *« Nous travaillons avec des clients internationaux, pour lesquels nous concevons des campagnes de publicité, qu'il nous faut parfois adapter aux différents pays dans lesquels elles seront diffusées. L'anglais m'est indispensable dans les échanges que nous avons régulièrement »*, constate Céline Le Bellego, consultante en marketing digital à Genève.

© SEVENTYFOUR / ISTOCK.COM

Langages informatiques
Un passage obligé

HTML, Python, JavaScript, Java EE… la maîtrise des langages informatiques est, bien entendu, indispensable pour tous les métiers techniques : développeur, testeur, architecte Web ou applications, ingénieur réseau… Elle s'avère également utile pour les autres profils, qu'ils soient webdesigners ou experts en marketing digital. *« C'est un plus indéniable sur un CV. Cela permet aussi d'être autonome, pour pouvoir réaliser une newsletter ou créer un blog, par exemple »*, souligne Emmanuel Peter, directeur de l'IIM (Institut de l'Internet et du multimédia).

Polyvalence
Jongler entre les missions

Parce qu'un même projet numérique fait intervenir de nombreux collaborateurs, aux fonctions liées, mais différentes (développeurs, webdesigners…), intégrer les contraintes des autres et parler un langage commun se révèle précieux. Faire preuve de polyvalence au quotidien s'avère nécessaire. Une exigence d'autant plus forte chez les professionnels qui exercent à leur compte ou comme consultants pour plusieurs clients. *« Dans ma fonction, la polyvalence est primordiale, car je jongle chaque semaine entre plusieurs campagnes, aux problématiques différentes. Mais c'est justement la diversité des missions qui fait la richesse de mon métier »*, analyse encore Céline Le Bellego.

Veille
Se tenir informé

Plus que tout autre secteur, le numérique est porté par des innovations permanentes : logiciels de plus en plus performants, applications novatrices, robots toujours plus autonomes… Suivre de près l'actualité du secteur et ses avancées technologiques est incontournable. *« Tout change très vite dans l'univers Web »*, confie Jennifer Calipel, intégratrice. *« Les usages du digital évoluant sans cesse, il faut mener une veille quotidienne et se tenir informé des dernières fonctionnalités de tel ou tel réseau social »*, explique de son côté Clémence Boutillot, community manager. Neila Hamadache, déléguée à la formation chez Syntec Numérique, ajoute : *« Le secteur évolue tous les 3 mois. C'est pourquoi il faut continuer à se former tout au long de sa vie professionnelle. »*

MES DÉBUTS COMME CONSULTANTE

Anne L'Yvonnet,
consultante en cybersécurité

CV

- Licence LLCER (langues, littératures et civilisations étrangères et régionales), parcours relations internationales, à l'Inalco
- Master en commerce international, à l'université de Suzhou (Chine)
- MBA risques, sûreté internationale et cybersécurité, à l'ESLSCA Business School

Aujourd'hui consultante en cybersécurité, Anne n'avait au départ aucune formation technique. *« C'est lors d'une première expérience professionnelle en Chine que j'ai découvert la force des nouvelles technologies et les enjeux de la sécurité des données. »*

Une formation complémentaire

À son retour, Anne entreprend un MBA risques, sûreté internationale et cybersécurité, tout en multipliant les échanges avec des professionnels pour creuser sa connaissance des métiers et identifier les attentes des entreprises. Une rencontre organisée par Orange Cyberdefense achève de la convaincre : *« J'ai eu la confirmation que je pouvais y avoir ma place en tant que consultante. »*

Recrutement chez Orange

Après plusieurs entretiens, Anne est recrutée comme consultante junior. Son envie d'apprendre, sa curiosité, son esprit d'analyse ont plu. Elle suit le programme Orange Academy pendant 1 mois. *« Chaque jour, des professionnels nous présentaient concrètement leurs métiers, avec des mises en pratique. C'était très formateur. »* L'occasion aussi d'identifier ses sujets de prédilection (incidents, sécurité industrielle…) et de progresser dans ces domaines.

Des savoirs partagés

« Ce métier offre une stimulation intellectuelle sans cesse renouvelée, s'enthousiasme Anne. *Chacun opère une veille active sur ses spécialités et en partage le résultat avec les autres consultants. »* Pour chaque projet, elle travaille avec un directeur de mission, qui donne le cap, et un chef de projet, qui rassure si nécessaire. Son défi actuel ? *« Rédiger des fiches synthétisant pour chaque collaborateur les actions à mener en cas d'hameçonnage* (phishing) *par des pirates informatiques cherchant à récupérer les informations personnelles de clients. »*

Son conseil !

« Il faut oser poser des questions directement aux responsables des ressources humaines et aux professionnels en poste. Ma curiosité m'a ouvert des portes ! »

MES DÉBUTS EN START-UP

Carina Chenot, product manager (ou cheffe de projet) chez Luko

CV

Diplôme d'Hetic

Carina est en dernière année du programme en 5 ans d'Hetic. Développement et programmation, mais aussi marketing digital : le cursus aborde tous les champs de compétences du numérique. Au cours d'un stage, la jeune femme découvre le métier de chef de projet : *« Cette fonction m'a plu car elle donne une vision globale du projet et permet de travailler de concert avec tous les intervenants. »*

Son conseil !

« Ne pas hésiter à viser une start-up. On évolue dans un environnement dynamique et on participe à toutes les étapes ! »

Recherche d'une start-up

Pour sa dernière année, qui doit se dérouler en apprentissage, la jeune femme a ciblé les start-up : *« Ce sont des entreprises innovantes et je voulais me retrouver avec des gens de mon âge. »* Après plusieurs entretiens d'embauche, sa candidature est retenue par Luko, une start-up qui réinvente l'assurance habitation en la rendant 100 % digitale et en développant des solutions numériques pour prévenir les dégâts des eaux et les incendies.

Product manager junior

Carina travaille au sein du service recherche et développement, dont la mission est d'améliorer les produits digitaux proposés par Luko en développant de nouvelles fonctionnalités. *« Je travaille sur des capteurs qui permettent de repérer les fuites d'eau et d'éviter les inondations. »*

Travail d'équipe

Carina apprécie particulièrement l'ambiance : *« C'est un vrai travail d'équipe. Développeurs, webdesigners ou fondateurs de la start-up… chacun tient son rôle et a son mot à dire ! »* Le projet dont elle a la responsabilité devrait aboutir avant la fin de son contrat d'apprentissage. Son souhait ? Être embauchée définitivement par Luko, dès son diplôme obtenu.

GUIDE PRATIQUE

COMPAREZ LES FILIÈRES

BTS, BUT, licence, licence professionnelle, master, diplôme d'ingénieur... ? Retrouvez les caractéristiques des principales filières citées dans cette publication.

	BTS	BUT	Licence professionnelle
Reconnaissance	Diplôme national	Diplôme national	Diplôme national
Établissement	STS en lycée, école ou CFA	Institut universitaire de technologie	Lycée, école, CFA ou université
Niveau d'admission	Bac	Bac	Bac à bac+2
Durée des études	2 ans	3 ans	1 à 3 ans
Accès	Sur dossier et, parfois, entretien	Sur dossier et, parfois, entretien	Sur dossier et entretien
Stages	8 à 12 semaines	22 à 26 semaines	12 semaines minimum
Apprentissage	Oui (offre variable selon les spécialités)	Oui (offre variable selon les mentions)	Oui (offre variable selon les spécialités)
Validation	Examen national avec une part de contrôle continu	Contrôle continu	Contrôle continu
Droits annuels d'inscription*	Gratuité dans le public, variables dans le privé	170 € + CVEC ; gratuité pour les boursiers	170 € + CVEC ; gratuité pour les boursiers
Poursuites d'études	Possibilité de continuer en licence professionnelle ou en école	Possibilité de continuer en master ou en école	Pour plus de 20 % des diplômés

DN MADE	Licence	Master	Diplôme d'ingénieur
Diplôme national	Diplôme national	Diplôme national	Diplôme habilité par la CTI
École ou lycée	Université	Université	École d'ingénieurs
Bac	Bac	Licence	Bac ou bac + 2
3 ans	3 ans	2 ans	3 à 5 ans selon le niveau d'admission
Sur dossier scolaire	Pas de sélection en L1, mais avoir un profil adapté à la filière	Sur dossier et entretien	Sur concours ou sur dossier
8 à 12 semaines	Facultatifs le plus souvent	4 à 6 mois	8 mois au minimum pendant le cycle ingénieur
Rarement	Non	Rarement, selon les spécialités	Oui (offre variable selon les spécialités)
Contrôle continu et mémoire	Contrôle continu et examen	Contrôle continu et examen (mémoire)	Contrôle continu et validation du projet de fin d'études
Gratuité dans le public, variables dans le privé	170 € + CVEC ; gratuité pour les boursiers	243 € + CVEC ; gratuité pour les boursiers	600 € dans la majorité des écoles publiques ; jusqu'à 10 000 € dans les écoles privées + CVEC. Gratuité pour les boursiers dans certaines écoles
Possibilité de continuer en DSAA, en master ou en école	Possibilité de continuer en master ou en école	Doctorat dans certaines spécialités	Doctorat, mastères spécialisés

* Coûts pour l'année 2020-2021. La CVEC (contribution vie étudiante et de campus), d'un montant de 92 €, est à acquitter pour pouvoir s'inscrire dans une formation supérieure (BTS excepté). Les boursiers en sont exonérés.
À noter : pour les apprentis, les frais de scolarité sont à la charge de l'employeur.

BTS : brevet de technicien supérieur ; **BUT** : bachelor universitaire de technologie ; **CFA** : centre de formation d'apprentis ; **CTI** : Commission des titres d'ingénieur ; **DN MADE** : diplôme national des métiers d'art et du design ; **DSAA** : diplôme supérieur d'arts appliqués.

CARNET D'ADRESSES DES FORMATIONS

Retrouvez toute l'info sur les formations et les établissements mise à jour sur **www.onisep.fr**.

Au sommaire

BTS

Liste des établissements préparant aux BTS du domaine, classés par départements. Les formations en apprentissage sont signalées par un **A**.

SERVICES INFORMATIQUES AUX ORGANISATIONS (SIO)

Opt 1: solutions d'infrastructure, systèmes et réseaux

Opt 2: solutions logicielles et applications métiers

86 **Chasseneuil-du-Poitou** Cned 05 49 49 94 94 **Public** opt 1:, opt 2:
01 **Bourg-en-Bresse** Lycée JM Carriat 04 74 32 18 48 **Public** opt 1: **S**, opt 2: **S**
02 **Laon** Lycée P Claudel 03 23 26 22 60 **Public** opt 1: **S**, opt 2: **S**
02 **Saint-Quentin** Lycée Saint-Jean et La Croix 03 23 62 34 17 **Pr Sc** opt 1: **A**
03 **Cusset** LGT Albert Londres 04 70 97 25 25 **Public** opt 1: **S** ou **A**, opt 2: **S**
05 **Gap** Lycée D Villars 04 92 52 26 91 **Public** opt 1: **S**, opt 2: **S**
06 **Nice** CFA régional Infosupaca 04 93 19 41 21 **CFA privé** opt 1: **A**, opt 2: **A**
06 **Nice** Ilec 04 92 17 33 10 **Pr Hc** opt 1: **S**, opt 2: **S**
06 **Nice** Lycée H d'Estienne d'Orves 04 93 97 12 00 **Public** opt 1: **S** ou **A**, opt 2: **S**
06 **Nice** Université de formation interprofessionnelle 04 93 19 41 21 **Pr Hc** opt 1: **S**, opt 2: **S**
07 **Annonay** Institut supérieur Saint-Denis 04 75 69 28 00 **Pr Sc** opt 1: **A**, opt 2: **A**
08 **Charleville-Mézières** Lycée Monge 03 24 52 69 69 **Public** opt 1: **S** ou **A**, opt 2: **S** ou **A**
11 **Carcassonne** Lycée P Sabatier 04 68 25 24 16 **Public** opt 1: **S**, opt 2: **S**
11 **Narbonne** Lycée L Michel 04 68 32 84 00 **Public** opt 1: **A**, opt 2: **A**
13 **Aix-en-Provence** Cours Diderot 04 42 52 35 10 **Pr Hc** opt 1: **S**, opt 2: **S**
13 **Marseille** Groupe École Pratique 04 91 14 26 80 **Consulaire** opt 1: **S** ou **A**, opt 2: **S** ou **A**
13 **Marseille** IFC Méditerranée 04 91 32 19 29 **Pr Hc** opt 1: **A**
13 **Marseille** LPO Ch Péguy 04 91 15 76 40 **Pr Sc** opt 1: **S**, opt 2: **S**
13 **Marseille** Lycée M Curie 04 91 36 52 10 **Public** opt 1: **S**, opt 2: **S**
13 **Marseille** Lycée V Hugo 04 91 11 05 00 **Public** opt 1: **S**, opt 2: **S**
14 **Caen** Laclick - Aden Formations 02 31 44 32 11 **Consulaire** opt 1: **S**, opt 2: **S**
14 **Caen** Lycée J Rostand 02 31 52 19 40 **Public** opt 1: **S**, opt 2: **S**
14 **Caen** Lycée Sainte-Ursule 02 31 94 71 00 **Pr Sc** opt 1: **S**, opt 2: **S**
15 **Aurillac** Institut de formation professionnelle et permanente 04 71 63 81 81 **CFA privé** opt 2: **A**
15 **Aurillac** Lycée Monnet-Mermoz 04 71 45 49 49 **Public** opt 1: **S**, opt 2: **S**
16 **Barbezieux-Saint-Hilaire** Lycée É Vinet 05 45 78 17 27 **Public** opt 1: **S** ou **A**, opt 2: **S** ou **A**
17 **Châtelaillon-Plage** CFA Cipecma 05 46 56 23 11 **Consulaire** opt 1: **A**, opt 2: **A**
17 **La Rochelle** Lycée Fénelon - ND 05 46 41 04 20 **Pr Sc** opt 1: **S**
17 **Rochefort** Lycée M Merleau-Ponty 05 46 99 23 20 **Public** opt 1: **S**, opt 2: **S**
19 **Brive-la-Gaillarde** Lycée Bahuet 05 55 92 83 00 **Pr Sc** opt 1: **S**, opt 2: **S**
21 **Dijon** Lycée Le Castel 03 80 76 70 00 **Public** opt 1: **S**, opt 2: **S**
21 **Dijon** Lycée privé Saint-Bénigne 03 80 58 33 43 **Pr Sc** opt 1: **S**, opt 2: **S**
22 **Lannion** Lycée F Le Dantec 02 96 05 61 71 **Public** opt 1: **S**, opt 2: **S**
22 **Saint-Brieuc** Lycée Rabelais 02 96 68 32 70 **Public** opt 1: **S**, opt 2: **S**
23 **Aubusson** Lycée E Jamot 05 55 67 72 80 **Public** opt 1: **S** ou **A**, opt 2: **S** ou **A**
24 **Périgueux** Lycée B de Born 05 53 06 60 00 **Public** opt 1: **S**, opt 2: **S**
25 **Besançon** Lycée L Pergaud 03 81 54 77 77 **Public** opt 1: **S** ou **A**, opt 2: **S** ou **A**
26 **Valence** Lycée polyvalent Algoud Laffemas 04 75 82 61 30 **Public** opt 1: **S** ou **A**, opt 2: **S** ou **A**
27 **Vernon** Lycée Saint-Adjutor 02 32 21 40 29 **Pr Sc** opt 1: **S**, opt 2: **S**
28 **Chartres** Lycée Fulbert 02 37 88 27 00 **Public** opt 1: **S**, opt 2: **S**
29 **Brest** Lycée Estran Ch de Foucauld 02 98 02 12 54 **Pr Sc** opt 1: **S**, opt 2: **S**
29 **Châteaulin** Lycée Saint-Louis 02 98 86 59 00 **Pr Sc** opt 1: **S**, opt 2: **S**
29 **Quimper** Lycée Chaptal 02 98 55 47 46 **Public** opt 1: **S**, opt 2: **S**
2A **Ajaccio** L. Bonaparte 04 95 29 68 68 **Public** opt 1: **S** ou **A**, opt 2: **S** ou **A**
30 **Nîmes** Digital Business school 04 66 36 77 23 **Pr Hc** opt 1: **S**
30 **Nîmes** Lycée de la CCI 04 66 87 97 19 **Pr Sc** opt 1: **S**, opt 2: **S**
31 **Blagnac** CFA commerce et services 05 62 74 73 72 **CFA privé** opt 1: **A**
31 **Cugnaux** Lycée H Matisse 05 61 72 75 40 **Public** opt 1: **S**, opt 2: **S** ou **A**
31 **Labège** Esicad 05 61 39 03 63 **Pr Hc** opt 1: **S** ou **A**, opt 2: **S** ou **A**
31 **Toulouse** Lycée Limayrac 05 61 36 08 08 **Pr Sc** opt 1: **S**, opt 2: **S**

CFA: centre de formation d'apprentis
LP: lycée professionnel
LPO: lycée polyvalent
MFR: maison familiale rurale
Pr Hc: privé hors contrat
Pr Sc: privé sous contrat
A: statut apprenti
S: statut scolaire

BTS services informatiques aux organisations (suite)

31 **Toulouse** Lycée Ozenne
05 61 11 58 00 **Public** opt 1: **S**, opt 2: **S**
32 **Auch** Lycée Pardailhan
05 62 61 42 50 **Public** opt 2: **S**
33 **Arcachon** Lycée de Grand Air
05 56 22 38 00 **Public** opt 1: **S**
33 **Bordeaux** CFA du Lycée
Gustave Eiffel 05 56 91 73 42 **Public**
opt 1: **A**, opt 2: **A**
33 **Bordeaux** Epsi
05 56 43 13 13 **Pr Hc** opt 2: **S**
33 **Bordeaux** Lycée G Eiffel
05 56 33 83 00 **Public** opt 1: **S** ou **A**,
opt 2: **S** ou **A**
34 **Baillargues** CFAI Occitanie - Pôle
Formation UIMM - Site de Baillargues
04 67 69 75 50 **Pr Sc** opt 1: **A**, opt 2: **A**
34 **Montpellier** Cours Diderot 04 67
920 910 **Pr Hc** opt 1: **S**, opt 2: **S**
34 **Montpellier** Epsi 04 67 04 20 01
Pr Hc opt 1: **S**, opt 2: **S**
34 **Montpellier** Esicad
04 67 10 57 56 **Pr Hc** opt 1: **S**, opt 2: **S**
34 **Montpellier** Lycée J Mermoz
04 67 20 60 00 **Public** opt 1: **S**, opt 2: **S**
34 **Sérignan** Lycée Marc Bloch
04 67 35 35 10 **Public** opt 1: **S**, opt 2: **S**
35 **Bruz** Faculté des métiers - CFA
de la CMA d'Ille-et-Vilaine - Rennes
02 99 05 45 55 **Consulaire** opt 1: **A**
35 **Redon** Lycée Saint-Sauveur
02 99 71 27 44 **Pr Sc** opt 1: **S**, opt 2: **S**
35 **Rennes** École Aftec de Rennes
02 99 86 11 00 **Pr Hc** opt 1: **S**, opt 2: **S**
35 **Rennes** Lycée de La Salle
02 99 87 12 12 **Pr Sc** opt 1: **S**, opt 2: **S**
35 **Rennes** Lycée V et H Basch
02 99 54 44 43 **Public** opt 1: **S**, opt 2: **S**
35 **Saint-Jacques-de-la-Lande**
Esup 02 99 31 42 43 **Pr Hc** opt 1: **S**
36 **Châteauroux** CCI Campus Centre
02 54 53 52 00 **Consulaire**
opt 1: **A**, opt 2: **A**
36 **Châteauroux** Lycée B Pascal
02 54 53 55 00 **Public** opt 1: **S**
37 **Chambray-lès-Tours** Lycée
Sainte-Marguerite 02 47 74 80 00
Pr Sc opt 1: **S**, opt 2: **S**
37 **Tours** Lycée P L Courier
02 47 60 35 05 **Public** opt 1: **S**, opt 2: **S**
38 **Grenoble** Lycée polyvalent L Michel
04 38 12 36 00 **Public** opt 1: **S** ou **A**,
opt 2: **S** ou **A**
38 **Saint-Égrève** MFR de Saint Égrève
04 38 02 39 50 **Pr Sc** opt 1: **A**
38 **Saint-Martin-d'Hères** CFP
Charmilles 04 76 03 74 00 **Pr Hc** opt 1:
A, opt 2: **A**
38 **Seyssinet-Pariset** LGT A Bergès
04 76 26 42 42 **Public** opt 1: **S**, opt 2: **S**
38 **Vienne** Lycée polyvalent
E Fitzgerald 04 74 53 74 53 **Public**
opt 1: **S**, opt 2: **S**
39 **Dole** CFAI Sud Franche-Comté
03 84 82 91 70 **CFA privé** opt 1: **A**,
opt 2: **A**
39 **Dole** Lycée Pasteur Mont-Roland
03 84 79 66 00 **Pr Sc** opt 1: **S** ou **A**,
opt 2: **S** ou **A**

41 **Romorantin-Lanthenay** Lycée Cl de
France 02 54 95 36 00 **Public** opt 2: **S**
42 **Rive-de-Gier** Lycée G Brassens
04 77 75 00 26 **Public** opt 1: **S**
42 **Saint-Étienne** CFAI Loire -
Saint-Étienne 04 77 92 89 89
CFA privé opt 1: **A**, opt 2: **A**
42 **Saint-Priest-en-Jarez** Lycée S Weil
04 77 92 12 62 **Public** opt 1: **S**, opt 2: **S**
43 **Brives-Charensac** LGT
La Chartreuse Paradis 04 71 09 83 09
Pr Sc opt 1: **S** ou **A**, opt 2: **S**
44 **Nantes** Epsi 02 40 76 60 87
Pr Hc opt 1: **S**, opt 2: **S**
44 **Nantes** Lycée Carcouet
02 40 16 18 18 **Public** opt 1: **S**,
opt 2: **S** ou **A**
44 **Nantes** Lycée La Colinière
02 40 93 93 33 **Public** opt 1: **S**, opt 2: **S**
44 **Nantes** Pôle formation des
industries technologiques - CFAI Afpi
02 51 13 21 51 **CFA privé** opt 1: **A**,
opt 2: **A**
44 **Pornic** Lycée du Pays de Retz
02 40 82 40 19 **Public** opt 1: **A**
44 **Saint-Sébastien-sur-Loire** Lycée
Saint-Pierre La Joliverie
02 40 80 82 00 **Pr Sc** opt 1: **S**, opt 2: **S**
45 **Orléans** Aftec Formation - CFSA
02 38 22 13 00 **Pr reconnu** opt 1: **A**,
opt 2: **A**
45 **Orléans** Lycée B Franklin
02 38 79 10 10 **Public** opt 1: **S**, opt 2: **S**
45 **Orléans** Lycée Saint-Paul Bourdon
Blanc 02 38 78 13 00 **Pr Sc** opt 1: **S**,
opt 2: **S**
48 **Mende** Lycée E Peytavin
04 66 49 18 66 **Public** opt 2: **S**
49 **Angers** Lycée Chevrollier
02 41 80 96 11 **Public** opt 1: **S**, opt 2: **S**
49 **Cholet** Lycée Sainte-Marie - Esupec
02 41 49 16 50 **Pr Sc** opt 1: **S**, opt 2: **S**
50 **Avranches** Lycée Notre-Dame de la
Providence 02 33 58 02 22 **Pr Sc** opt 1:
S, opt 2: **S**
51 **Châlons-en-Champagne** CFA
interprofessionnel de la Marne
03 26 69 25 85 **CFA privé** opt 2: **A**
51 **Reims CFA** de l'industrie de
Champagne Ardenne
03 26 89 60 00 **CFA privé** opt 2: **A**
51 **Reims** Lycée Roosevelt
03 26 86 70 90 **Public** opt 1: **S**, opt 2: **S**
52 **Chaumont** Lycée E Bouchardon
03 25 03 23 42 **Public** opt 1: **S**,
opt 2: **S**
53 **Laval** Lycée Douanier Rousseau
02 43 53 04 60 **Public** opt 1: **S**, opt 2: **S**
53 **Saint-Berthevin** Institut
d'informatique appliquée
02 43 91 47 47 **Consulaire** opt 1: **A**,
opt 2: **A**
54 **Nancy** Lycée F Chopin
03 83 40 20 42 **Public** opt 1: **S**, opt 2: **S**
55 **Bar-le-Duc** Lycée R Poincaré
03 29 45 32 00 **Public** opt 1: **S** ou **A**,
opt 2: **S** ou **A**
56 **Ploemeur** Lycée Notre-Dame
de la Paix 02 97 37 20 68 **Pr Sc**
opt 1: **S**, opt 2: **S**

57 **Metz** CFA Robert Schuman
03 87 76 40 36 **Public** opt 1: **A**, opt 2: **A**
57 **Metz** Lycée R Schuman
03 87 76 40 40 **Public** opt 1: **S**, opt 2: **S**
57 **Metz** Sup-Formation
03 87 39 70 65 **Pr Hc** opt 1: **S**
58 **Nevers** Lycée R Follereau
03 86 60 36 00 **Public** opt 1: **S** ou **A**,
opt 2: **S** ou **A**
59 **Cambrai** Lycée Saint-Luc
03 27 82 28 28 **Pr Sc** opt 1: **S**, opt 2: **S**
59 **Dunkerque** Lycée J Bart
03 28 24 40 40 **Public** opt 1: **S**, opt 2: **S**
59 **Lille** Cours Diderot
03 20 02 02 97 **Pr Hc** opt 1: **S**, opt 2: **S**
59 **Lille** Efficom 03 20 15 16 77
Pr Hc opt 1: **S**, opt 2: **S**
59 **Lille** Epsi 03 20 34 35 36
Pr Hc opt 1: **S**, opt 2: **S**
59 **Lille** Lycée G Berger 03 20 49 31 59
Public opt 1: **S** ou **A**, opt 2: **S** ou **A**
59 **Marcq-en-Barœul** Centre Afpi
03 20 94 76 73 **CFA privé** opt 1: **A**
59 **Maubeuge** Lycée N D de Grâce
03 27 53 00 66 **Pr Sc** opt 1: **A**
59 **Roubaix** Lycée Saint-Rémi
03 20 89 41 41 **Pr Sc** opt 1: **S**, opt 2: **S**
59 **Valenciennes** Lycée H Wallon
03 27 19 30 40 **Public** opt 1: **S** ou **A**,
opt 2: **S** ou **A**
59 **Valenciennes** Lycée privé
Dampierre 03 27 22 70 00 **Pr Sc**
opt 1: **S**, opt 2: **S**
60 **Chantilly** Lycée J Rostand
03 44 62 47 00 **Public** opt 1: **S**, opt 2: **S**
60 **Senlis** Lycée Saint-Vincent
03 44 53 96 40 **Pr Sc** opt 2: **S**
60 **Senlis** Promeo
03 44 63 81 63 **CFA privé** opt 1: **A**
60 **Venette** Promeo
03 44 20 70 10 **CFA privé** opt 2: **A**
62 **Arras** Epsi - École privée
des sciences informatiques
03 21 71 33 34 **Pr Hc** opt 1: **S**, opt 2: **S**
62 **Arras** Lycée Baudimont
03 21 16 18 00 **Pr Sc** opt 1: **S**, opt 2: **S**
62 **Arras** Lycée G Mollet
03 21 21 49 50 **Public** opt 1: **S**, opt 2: **S**
62 **Béthune** Lycée A Malraux
03 21 64 61 61 **Public** opt 1: **S**, opt 2: **S**
62 **Saint-Martin-Boulogne** Lycée
Saint-Joseph 03 21 99 06 99 **Pr Sc**
opt 2: **S**
63 **Chamalières** Groupe formation
systèmes 04 73 19 53 00
Pr Hc opt 1: **S**, opt 2: **S**
63 **Clermont-Ferrand** Lycée Godefroy
de Bouillon 04 73 98 54 54 **Pr Sc** opt 1:
S, opt 2: **S**
63 **Clermont-Ferrand** Lycée Sidoine
Apollinaire 04 73 41 20 20 **Public** opt 1:
S, opt 2: **S**
64 **Assat** CFAI Adour - Site d'Assat
05 59 00 01 01 **CFA privé** opt 1: **A**
64 **Bayonne** Centre de formation
professionnelle - Site de Lachepaillet
05 59 52 25 25 **Public** opt 1: **A**,
opt 2: **A**

64 **Bayonne** Lycée L de Foix 05 59 63 31 10 **Public opt 2: S**
64 **Pau** Lycée Saint-John Perse 05 59 62 73 11 **Public** opt 1: **S**, opt 2: **S**
65 **Tarbes** Lycée M Curie 05 62 44 56 56 **Public** opt 1: **S** ou **A**, opt 2: **S** ou **A**
66 **Perpignan** Lycée J Lurçat 04 68 50 28 91 **Public** opt 1: **S**, opt 2: **S**
67 **Eckbolsheim** Ifide Sup Formation 03 88 10 83 84 **Pr Hc** opt 1: **S**, opt 2: **S**
67 **Strasbourg** CCI Campus - Strasbourg 03 88 43 08 00 **Consulaire** opt 1: **A**, opt 2: **A**
67 **Strasbourg** Iesa 03 88 37 13 12 **Pr Hc** opt 1: **S**, opt 2: **S**
67 **Strasbourg** Lycée R Cassin 03 88 45 54 54 **Public** opt 1: **S**, opt 2: **S**
68 **Colmar** Lycée C Sée 03 89 22 25 00 **Public** opt 1: **S**, opt 2: **S**
69 **Lyon CFA** SEPR 04 72 83 27 27 **CFA privé** opt 1: **A**
69 **Lyon** Epsi 04 72 71 09 28 **Pr Hc** opt 2: **S**
69 **Lyon** Groupe Sciences U Lyon - CRESPA 04 26 29 01 01 **Pr reconnu** opt 1: **S**, opt 2: **S**
69 **Lyon** Icoges 04 72 68 78 30 **Pr Hc** opt 1: **S**, opt 2: **S**
69 **Lyon** Lycée des Chartreux 04 72 00 75 50 **Pr Sc** opt 1: **S**, opt 2: **S**
69 **Lyon** Lycée Icof 04 78 15 00 60 **Pr Sc** opt 1: **S**, opt 2: **S**
69 **Lyon** Lycée La Martinière Duchère 04 72 17 29 50 **Public** opt 1: **S**, opt 2: **S**
69 **Lyon** Partner Sup' (Isitech) 04 27 18 14 40 **Pr Hc** opt 1: **S**, opt 2: **S**
69 **Oullins** Lycée des Chassagnes 04 78 50 29 91 **Pr Sc** opt 1: **S**, opt 2: **S**
69 **Vénissieux** Lycée J Brel 04 72 50 31 60 **Public** opt 1: **S** ou **A**, opt 2: **S** ou **A**
69 **Villefranche-sur-Saône** Lycée Notre-Dame 04 74 65 48 47 **Pr Sc** opt 1: **S**, opt 2: **S**
71 **Autun** Lycée privé Saint-Lazare 03 85 86 97 98 **Pr Sc** opt 2: **S**
71 **Chalon-sur-Saône** Lycée Mathias 03 85 97 48 00 **Public** opt 1: **S**, opt 2: **S**
71 **Mâcon** Lycée Lamartine 03 85 20 46 00 **Public** opt 1: **S**, opt 2: **S**
72 **Allonnes** Lycée A Malraux 02 43 39 28 50 **Public** opt 1: **S**, opt 2: **S**
72 **Le Mans** Lycée Saint-Charles - Sainte-Croix 02 43 50 16 70 **Pr Sc** opt 1: **S** ou **A**, opt 2: **S** ou **A**
73 **Chambéry** Ecoris 04 79 69 28 17 **Pr Hc** opt 1: **S**
74 **Annecy** Ecoris 04 50 09 27 98 **Pr Hc** opt 1: **S**
74 **Annecy** LGT G Fauré 04 50 45 20 38 **Public** opt 1: **S**, opt 2: **S**
74 **Annecy** LGT privé Saint-Michel 04 50 45 05 20 **Pr Sc** opt 1: **S**, opt 2: **S**
75 **Paris** Campus Montsouris (Cerfal) 01 40 52 28 70 **CFA privé** opt 1: **A**, opt 2: **A**
75 **Paris CFA** IMC 01 53 32 53 00 **CFA privé** opt 1: **A**, opt 2: **A**
75 **Paris CFA** Insta 01 43 41 72 50 **CFA privé** opt 1: **A**, opt 2: **A**
75 **Paris** Cours Diderot 01 49 23 75 75 **Pr Hc** opt 1: **S**, opt 2: **S**
75 **Paris** École Ipssi 01 55 43 26 65 **Pr Hc** opt 1: **S**, opt 2: **S**
75 **Paris** ENC 01 44 85 85 00 **Public** opt 1: **S**, opt 2: **S**
75 **Paris** Icoges 01 45 58 17 33 **Pr Hc** opt 1: **S**, opt 2: **S**
75 **Paris** Infosup 08 00 60 06 33 **Pr Hc** opt 1: **S**, opt 2: **S**
75 **Paris** Insta 01 82 83 55 30 **Pr Hc** opt 1: **S**, opt 2: **S**
75 **Paris** Iris 01 44 01 86 70 **Pr Hc** opt 1: **S**, opt 2: **S**
75 **Paris** Itic 01 43 73 20 40 **Pr Hc** opt 1: **S**, opt 2: **S**
75 **Paris** LP G Ferrié 01 42 02 19 55 **Public** opt 1: **A**
75 **Paris** Lycée Ch de Foucauld 01 46 07 72 59 **Pr Sc** opt 1: **S**, opt 2: **S**
75 **Paris** Lycée des Petits Champs 01 43 67 59 59 **Pr Sc** opt 1: **A**, opt 2: **A**
75 **Paris** Lycée L Armand 01 45 57 51 50 **Public** opt 1: **S**, opt 2: **S**
75 **Paris** Lycée Le Rebours 01 55 43 28 88 **Pr Sc** opt 1: **S**, opt 2: **S**
75 **Paris** Lycée privé Fénelon Sup - La Plaine Monceau 01 43 87 54 05 **Pr Sc** opt 1: **A**
75 **Paris** Lycée Turgot 01 53 01 14 10 **Public** opt 1: **S**, opt 2: **S**
75 **Paris** MBS 01 45 35 28 28 **Pr Hc** opt 1: **S**
76 **Le Havre** Lycée Saint-Joseph 02 35 46 51 52 **Pr Sc** opt 1: **S**, opt 2: **S**
76 **Le Mesnil-Esnard** Lycée La Châtaigneraie 02 32 86 53 00 **Pr Sc** opt 1: **S**, opt 2: **S**
76 **Rouen** Lycée G Flaubert 02 35 12 80 00 **Public** opt 1: **S**, opt 2: **S**
77 **Avon CFA** Utec 01 60 72 74 00 **Consulaire** opt 1: **A**, opt 2: **A**
77 **Champs-sur-Marne CFA** Utec informatique et technologies numériques 01 60 37 52 25 **Consulaire** opt 1: **A**, opt 2: **A**
77 **Champs-sur-Marne** Lycée R Descartes 01 64 68 25 07 **Public** opt 1: **S**, opt 2: **S**
77 **Combs-la-Ville** LP J Prévert 01 64 13 42 60 **Public** opt 1: **A**, opt 2: **A**
77 **Melun** Lycée L. de Vinci 01 60 56 60 60 **Public** opt 1: **S**, opt 2: **S**
77 **Melun** Lycée Saint-Aspais 01 60 56 59 59 **Pr Sc** opt 1: **S**, opt 2: **S**
78 **Conflans-Sainte-Honorine** Lycée J Ferry 01 34 90 03 70 **Public** opt 1: **S**, opt 2: **S**
78 **Guyancourt** Ensup 01 61 38 05 75 **Pr Hc** opt 1: **S** ou **A**, opt 2: **S** ou **A**
78 **Montigny-le-Bretonneux** CFI Montigny-le-Bretonneux (anciennement IFA Delorozoy) 01 30 48 80 00 **Consulaire** opt 1: **A**
78 **Plaisir** Lycée J Vilar 01 30 55 18 77 **Public** opt 1: **S**, opt 2: **S**
79 **Bressuire** Lycée Saint-Joseph 05 49 65 21 33 **Pr Sc** opt 2: **S**
79 **Brioux-sur-Boutonne** MFR de Brioux sur Boutonne 05 49 07 36 40 **Pr Sc** opt 2: **ASS** ou **A**
79 **Niort** Lycée de la Venise Verte 05 49 32 48 00 **Public** opt 1: **S**, opt 2: **S**
80 **Amiens CFA** Interfor 03 22 82 00 00 **Consulaire** opt 1: **A**, opt 2: **A**
80 **Amiens** Lycée E Gand 03 22 53 41 22 **Public** opt 1: **S**, opt 2: **S**
80 **Amiens** Lycée Saint-Rémi 03 22 71 23 00 **Pr Sc** opt 1: **S**, opt 2: **S**
82 **Monteils** Lycée C Nougaro 05 63 92 02 50 **Public** opt 2: **S**
83 **Saint-Raphaël** Lycée A de Saint-Exupéry 04 94 19 72 80 **Public** opt 1: **S**, opt 2: **S**
83 **Toulon** Lycée Bonaparte 04 94 18 90 30 **Public** opt 1: **S**, opt 2: **S** ou **A**
84 **Avignon** CFA de l'industrie du Vaucluse 04 90 81 54 50 **CFA privé** opt 1: **A**, opt 2: **A**
84 **Avignon** IFC Provence 04 90 14 15 90 **Pr Hc** opt 1: **S**
84 **Avignon** Lycée T Aubanel 04 90 16 36 00 **Public** opt 1: **S** ou **A**, opt 2: **S** ou **A**
84 **Pertuis** CFAI 84 - Antenne de Pertuis 04 90 77 05 94 **CFA privé** opt 1: **A**, opt 2: **A**
85 **La Roche-sur-Yon** Lycée Notre-Dame du Roc 02 51 47 74 74 **Pr Sc** opt 1: **S** ou **A**, opt 2: **S** ou **A**
85 **Les Sables-d'Olonne** Lycée Savary de Mauléon 02 51 95 11 47 **Public** opt 1: **S**, opt 2: **S**
86 **Loudun** Lycée G Chauvet 05 49 98 17 51 **Public** opt 1: **S** ou **A**, opt 2: **S** ou **A**
86 **Poitiers** Isfac 05 49 60 39 30 **Pr Hc** opt 1: **S** ou **A**, opt 2: **S** ou **A**
86 **Poitiers** Lycée A d'Aquitaine 05 49 44 81 00 **Public** opt 1: **S**, opt 2: **S**
87 **Limoges** Lycée Beaupeyrat 05 55 45 81 00 **Pr Sc** opt 1: **S**, opt 2: **S**
87 **Limoges** Lycée S Valadon 05 55 45 56 00 **Public** opt 1: **S**, opt 2: **S**
89 **Auxerre** Pôle Formation 58-89 03 86 49 26 00 **CFA privé** opt 1: **A**

CFA: centre de formation d'apprentis
LP: lycée professionnel
LPO: lycée polyvalent
MFR: maison familiale rurale
Pr Hc: privé hors contrat
Pr Sc: privé sous contrat
A: statut apprenti
S: statut scolaire

BTS services informatiques aux organisations (suite)

89 **Joigny** Lycée Saint-Jacques 03 86 62 57 25 **Pr Sc** opt 1: **A**, opt 2: **A**
89 **Joigny** Pôle Formation 58-89 - Site de Joigny 03 86 49 26 14 **CFA privé** opt 1: **A**, opt 2: **A**
90 **Belfort** Lycée Condorcet 03 84 46 64 80 **Public** opt 1: **A**, opt 2: **A**
91 **Étampes** Lycée G Saint-Hilaire 01 69 92 17 70 **Public** opt 1: **S**, opt 2: **S**
91 **Évry-Courcouronnes** Lycée Parc des Loges 01 60 77 61 72 **Public** opt 1: **S** ou **A**, opt 2: **S** ou **A**
91 **Massy CFA** Faculté des métiers de l'Essonne 01 69 19 46 00 **Consulaire** opt 1: **A**, opt 2: **A**
91 **Massy** Lycée Parc de Vilgénis 01 69 53 74 00 **Public** opt 1: **S** ou **A**, opt 2: **S** ou **A**
91 **Orsay** Institut supérieur de commerce et d'informatique d'Orsay 01 69 86 90 41 **Pr Hc** opt 1: **A**, opt 2: **A**
92 **Bagneux** Lycée Saint-Gabriel 01 46 57 61 22 **Pr Sc** opt 1: **S**, opt 2: **S**
92 **Clichy** iBTS 09 84 30 05 74 **Pr Hc** opt 1: **S**, opt 2: **S**
92 **Clichy** Lycée R Auffray 01 49 68 90 00 **Public** opt 1: **A**
92 **Courbevoie** Lycée Montalembert 01 46 67 13 00 **Pr Sc** opt 1: **S**
92 **Courbevoie** Lycée P Lapie 01 41 88 03 70 **Public** opt 1: **S**, opt 2: **S**
92 **Issy-les-Moulineaux CFA** Aforp - Site d'Issy-les-Moulineaux 01 41 46 09 10 **CFA privé** opt 1: **A**, opt 2: **A**
92 **Issy-les-Moulineaux** Hitema 01 41 33 04 70 **Pr Hc** opt 1: **S**, opt 2: **S**
92 **Levallois-Perret** Epsi 01 55 90 06 30 **Pr Hc** opt 1: **S**, opt 2: **S**
92 **Montrouge** Efficom 01 41 17 12 12 **Pr Hc** opt 1: **S**, opt 2: **S**
92 **Neuilly-sur-Seine** École Santé et Juridique 01 55 62 21 21 **Pr Hc** opt 1: **S**, opt 2: **S**
93 **Aulnay-sous-Bois** Lycée Voillaume 01 48 19 31 93 **Public** opt 1: **S**, opt 2: **S**
93 **Bobigny** Lycée L Michel 01 48 10 22 44 **Public** opt 1: **S**, opt 2: **S**
93 **Dugny** Lycée R Schuman 01 48 37 74 26 **Pr Sc** opt 1: **S** ou **A**, opt 2: **S** ou **A**
93 **Montreuil** Lycée ORT 01 49 88 46 50 **Pr Sc** opt 1: **S**, opt 2: **S**
93 **Saint-Ouen** Lycée A Blanqui 01 49 18 16 80 **Public** opt 2: **S**
94 **Cachan** Lycée de Cachan 01 47 40 49 60 **Public** opt 1: **S**, opt 2: **S**
94 **Joinville-le-Pont** Lycée de l'ensemble Saint-Marie (pôle STS) 01 55 12 37 40 **Pr Sc** opt 1: **S**, opt 2: **S**
94 **Maisons-Alfort** LP P Bert 01 41 79 02 50 **Public** opt 1: **A**
94 **Nogent-sur-Marne** Lycée L Armand 01 45 14 28 28 **Public** opt 1: **S**, opt 2: **S**
94 **Villejuif** Efrei Paris 01 46 77 46 77 **Pr reconnu** opt 1: **S**, opt 2: **S**
94 **Vincennes** Institut F2I 01 49 57 59 59 **Pr Hc** opt 1: **S**
95 **Jouy-le-Moutier** Lycée de l'Hautil 01 34 32 71 71 **Public** opt 1: **S**, opt 2: **S**
95 **Montmorency** Lycée JJ Rousseau 01 34 05 12 50 **Public** opt 1: **S**, opt 2: **S**
95 **Pontoise CFA** Itescia - Campus Pontoise 01 30 75 36 36 **Consulaire** opt 1: **A**, opt 2: **A**
971 **Baie-Mahault** Centre caraïbeen de développement de compétences Guadeloupe 0590 32 36 86 **Pr Hc** opt 1: **S** ou **A**
971 **Basse-Terre** Lycée Les Persévérants 05 90 81 10 32 **Pr Sc** opt 1: **S** ou **A**, opt 2: **S** ou **A**
971 **Pointe-à-Pitre** Lycée Baimbridge 05 90 93 79 99 **Public** opt 1: **S**, opt 2: **S**
972 **Fort-de-France** Lycée général et technologique Joseph Gaillard 05 96 61 99 10 **Public** opt 1: **S**, opt 2: **S**
972 **Fort-de-France** Lycée polyvalent de l'Amep 05 96 79 50 23 **Pr Sc** opt 1: **S**, opt 2: **S**
972 **Schœlcher CFA** tertiaire de la CCI de Martinique 05 96 61 61 32 **Consulaire** opt 1: **A**, opt 2: **A**
974 **Saint-Benoît** Lycée polyvalent Nelson Mandela 02 62 92 96 81 **Public** opt 1: **S**, opt 2: **S**
974 **Saint-Denis** Lycée Bellepierre 02 62 90 73 00 **Public** opt 1: **S** ou **A**, opt 2: **S** ou **A**
974 **Sainte-Marie** CFA de l'enseignement catholique de la Réunion 02 62 90 78 46 **CFA privé** opt 1: **A**, opt 2: **A**
974 **Saint-Joseph** Lycée Pierre Poivre 02 62 56 69 79 **Public** opt 1: **S**, opt 2: **S**
976 **Mamoudzou** Lycée Younoussa Bamana 0269 61 13 55 **Public** opt 1: **S**, opt 2: **S**
987 **Papeete** Lycée La Mennais 689 47 14 00 **Pr Sc** opt 1: **S**
987 **Pirae** Lycée du Diadème - Te tara o mai'ao 689 40 54 26 00 **Public** opt 1: **S**, opt 2: **S**
988 **Dumbéa** Lycée du Grand Nouméa 00 687 41 01 00 **Public** opt 1: **S**, opt 2: **S**

SYSTÈMES NUMÉRIQUES (SN)

Opt 1: informatique et réseaux
Opt 2: électronique et communications

86 **Chasseneuil-du-Poitou** Cned 05 49 49 94 94 **Public** opt 1:, opt 2:
01 **Péronnas** AFPMA - Pôle Formation des industries technologiques de l'Ain 04 74 32 36 36 **CFA privé** opt 1: **A**
02 **Laon** Lycée polyvalent P Méchain 03 23 26 25 00 **Public** opt 1: **S**
02 **Saint-Quentin** Lycée Condorcet 03 23 08 44 44 **Public** opt 1: **S** ou **A**
03 **Montluçon** Lycée Paul Constans 04 70 08 19 30 **Public** opt 2: **S**
06 **Cannes** Lycée J Ferry 04 93 06 52 00 **Public** opt 2: **S** ou **A**
06 **Nice** Lycée G Apollinaire 04 93 92 85 35 **Public** opt 2: **S**
06 **Nice** Lycée Les Eucalyptus 04 92 29 30 30 **Public** opt 1: **S**
07 **Aubenas** Lycée polyvalent Astier 04 75 35 09 77 **Public** opt 1: **S**
08 **Charleville-Mézières** Lycée F Bazin 03 24 56 81 56 **Public** opt 2: **S**
09 **Mirepoix** Lycée polyvalent de Mirepoix 05 61 68 14 80 **Public** opt 1: **S**
10 **Troyes** Lycée Les Lombards 03 25 71 46 60 **Public** opt 1: **S** ou **A**
11 **Carcassonne** Lycée J Fil 04 68 47 82 66 **Public** opt 1: **S**
12 **Rodez** Lycée C Carnus 05 65 73 37 00 **Pr Sc** opt 2: **S**
12 **Saint-Affrique** Lycée J Jaurès 05 65 98 14 80 **Public** opt 1: **A**
13 **Aix-en-Provence** LPO Saint-Éloi 04 42 23 44 99 **Pr Sc** opt 1: **S**, opt 2: **S**
13 **Aix-en-Provence** Lycée Vauvenargues 04 42 17 40 40 **Public** opt 1: **A**
13 **Aix-en-Provence** Lycée Vauvenargues 04 42 17 40 40 **Public** opt 1: **S** ou **A**, opt 2: **S**
13 **Gardanne** Lycée MM Fourcade 04 42 65 90 70 **Public** opt 1: **S**, opt 2: **S** ou **A**
13 **Marseille** LPO modèle électronique 04 91 44 65 37 **Pr Sc** opt 1: **S**, opt 2: **S**
13 **Marseille** Lycée du Rempart 04 91 14 32 80 **Public** opt 1: **S**, opt 2: **S**
13 **Marseille** Lycée J Perrin 04 91 74 29 30 **Public** opt 1: **S**, opt 2: **S**
14 **Caen** Institut Lemonnier 02 31 46 72 00 **Pr Sc** opt 1: **S**
14 **Lisieux** Lycée P Cornu 02 31 31 33 11 **Public** opt 1: **S**
14 **Mondeville** Lycée J Verne 02 31 84 40 90 **Public** opt 1: **S**, opt 2: **S**
15 **Aurillac** Lycée Monnet-Mermoz 04 71 45 49 49 **Public** opt 1: **S**
17 **La Rochelle** Lycée L Vieljeux 05 46 34 79 32 **Public** opt 1: **S**
18 **Vierzon** Lycée H Brisson 02 48 52 74 00 **Public** opt 1: **S**
19 **Brive-la-Gaillarde** Lycée G Cabanis 05 55 87 38 50 **Public** opt 2: **S**
21 **Dijon** Lycée G Eiffel 03 80 60 42 12 **Public** opt 1: **S**, opt 2: **S**
21 **Dijon** Lycée privé Saint-Joseph - La Salle 03 80 59 20 20 **Pr Sc** opt 1: **S**
22 **Lannion** Lycée F Le Dantec 02 96 05 61 71 **Public** opt 1: **S**
22 **Saint-Brieuc** Lycée polyvalent Chaptal 02 96 77 22 77 **Public** opt 2: **S** ou **A**
25 **Besançon** Lycée J Haag 03 81 81 01 45 **Public** opt 1: **S**
25 **Besançon** Lycée V Hugo 03 81 41 98 88 **Public** opt 2: **S** ou **A**
26 **Crest** LGT privé Saint-Louis 04 75 25 00 60 **Pr Sc** opt 1: **S**, opt 2: **S**
26 **Valence** Lycée polyvalent Algoud Laffemas 04 75 82 61 30 **Public** opt 1: **S**, opt 2: **S**

27 **Évreux** Lycée M Leroy 02 32 62 24 00 **Public** opt 1 : S, opt 2 : S
28 **Châteaudun** LEAP de Nermont 02 37 44 60 60 **Pr Sc** opt 1 : S ou A
28 **Dreux** Lycée E Branly 02 37 62 58 58 **Public** opt 1 : S
29 **Brest** Lycée La Croix Rouge - La Salle 02 98 47 81 00 **Pr Sc** opt 1 : S, opt 2 : S
29 **Brest** Lycée Vauban 02 98 80 88 00 **Public** opt 1 : S, opt 2 : S
2A **Ajaccio** L.Bonaparte 04 95 29 68 68 **Public** opt 2 : S ou A
2B **Bastia** Lycée P Vincensini 04 95 54 53 00 **Public** opt 1 : S ou A
30 **Nîmes** Lycée Dhuoda 04 66 04 85 85 **Public** opt 1 : S ou A, opt 2 : S ou A
31 **Beauzelle** Pôle Formation - UIMM Occitanie 05 61 58 86 88 **CFA privé** opt 2 : A
31 **Colomiers** Lycée international V Hugo 05 61 15 94 94 **Public** opt 1 : S ou A
31 **Saint-Orens-de-Gameville** Lycée P Riquet 05 61 00 10 10 **Public** opt 1 : S
31 **Toulouse** Lycée D de Séverac 05 62 13 17 00 **Public** opt 2 : S
31 **Toulouse** Lycée Limayrac 05 61 36 08 08 **Pr Sc** opt 1 : S
33 **Bordeaux** Lycée Sainte-Famille Saintonge 05 56 99 39 29 **Pr Sc** opt 1 : A
33 **Bruges** CFAI Aquitaine 05 56 57 44 50 **CFA privé** opt 1 : A, opt 2 : A
33 **Pessac** Lycée Pape Clément 05 57 26 63 00 **Public** opt 2 : S ou A
33 **Talence** Lycée A Kastler 05 57 35 40 70 **Public** opt 1 : S, opt 2 : S
34 **Baillargues** CFAI Occitanie - Pôle Formation UIMM - Site de Baillargues 04 67 69 75 50 **Pr Sc** opt 1 : A, opt 2 : A
34 **Montferrier-sur-Lez** Lycée P Rouge 04 99 58 33 40 **Pr Sc** opt 2 : S
34 **Montpellier** Lycée J Mermoz 04 67 20 60 00 **Public** opt 1 : S
34 **Sète** Lycée Joliot-Curie 04 67 18 66 66 **Public** opt 2 : S
35 **Bruz** École supérieure du numérique appliqué 02 99 52 54 54 **Pr reconnu** opt 1 : A, opt 2 : A
35 **Rennes** Lycée Bréquigny 02 99 86 82 00 **Public** opt 1 : S, opt 2 : S
35 **Saint-Malo** Lycée Maupertuis 02 99 21 12 12 **Public** opt 1 : S
35 **Vitré** Lycée J d'Arc 02 99 75 38 79 **Pr Sc** opt 2 : S
37 **Tours** Lycée Grandmont 02 47 48 78 78 **Public** opt 1 : S, opt 2 : S
38 **Grenoble** LGT privé P Termier 04 76 54 57 81 **Pr Sc** opt 2 : S ou A
38 **Meylan** Lycée polyvalent du Grésivaudan 04 76 90 30 53 **Public** opt 1 : S ou A
38 **Vizille** Lycée polyvalent Portes de l'Oisans 04 76 68 09 22 **Public** opt 2 : S ou A
39 **Dole** CFAI Sud Franche-Comté 03 84 82 91 70 **CFA privé** opt 1 : A
39 **Lons-le-Saunier** Lycée Sainte-Marie 03 84 47 09 67 **Pr Sc** opt 1 : S ou A
40 **Aire-sur-l'Adour** Lycée Crampe 05 58 51 53 00 **Public** opt 1 : S ou A
40 **Dax** Lycée de Borda 05 58 58 12 34 **Public** opt 1 : S, opt 2 : S
41 **Blois** Lycée la Providence 02 54 56 43 10 **Pr Sc** opt 1 : S
42 **Andrézieux-Bouthéon** Lycée F Mauriac 04 77 36 38 10 **Public** opt 1 : S, opt 2 : S
42 **Rive-de-Gier** Lycée G Brassens 04 77 75 00 26 **Public** opt 1 : S
42 **Saint-Étienne** Irup Saint-Étienne 04 77 46 21 64 **Pr Hc** opt 1 : A
44 **Nantes** Lycée Livet 02 51 81 23 23 **Public** opt 2 : S ou A
44 **Nantes** Lycée Saint-Félix - La Salle 02 44 76 35 00 **Pr Sc** opt 1 : S ou A
44 **Orvault** Lycée N Appert 02 51 78 22 00 **Public** opt 1 : S ou A
45 **Ingré** Lycée M Genevoix 02 38 78 77 76 **Public** opt 2 : S
45 **Orléans** Aftec Formation - CFSA 02 38 22 13 00 **Pr reconnu** opt 2 : A
45 **Villemandeur** Lycée Durzy 02 38 28 10 50 **Public** opt 1 : S
46 **Figeac** Lycée Champollion 05 65 34 27 91 **Public** opt 2 : S
47 **Agen** Lycée J B de Baudre 05 53 77 56 00 **Public** opt 1 : S ou A, opt 2 : S ou A
49 **Angers** Lycée Chevrollier 02 41 80 96 11 **Public** opt 2 : S ou A
49 **Chemillé-en-Anjou** Lycée de l'Hyrôme 02 41 30 01 41 **Public** opt 1 : S
49 **Verrières-en-Anjou** Lycée Saint-Aubin-La Salle 02 41 33 43 00 **Pr Sc** opt 1 : S ou A, opt 2 : S ou A
50 **Granville** Lycée Julliot de la Morandière 02 33 90 74 77 **Public** opt 1 : S, opt 2 : S
51 **Reims** Lycée polyvalent Georges Brière 03 26 83 50 50 **Public** opt 1 : S, opt 2 : S ou A
51 **Vitry-le-François** Lycée François 1er 03 26 41 22 00 **Public** opt 1 : S ou A
53 **Laval** Lycée de l'Immaculée conception 02 43 59 23 24 **Pr Sc** opt 1 : S
53 **Laval** Lycée Réaumur 02 43 67 24 00 **Public** opt 2 : S ou A
54 **Jarny** Lycée J Zay 03 82 46 53 53 **Public** opt 1 : S
54 **Nancy** Lycée C de Foucauld 03 83 35 27 14 **Pr Sc** opt 1 : S
54 **Nancy** Lycée Henri Loritz 03 83 36 75 42 **Public** opt 1 : S ou A, opt 2 : S ou A
54 **Nancy** Lycée P de Coubertin 03 83 28 49 49 **Pr Sc** opt 2 : S
55 **Bar-le-Duc** Lycée R Poincaré 03 29 45 32 00 **Public** opt 1 : S ou A
56 **Lorient** Lycée Saint-Joseph 02 97 37 37 99 **Pr Sc** opt 1 : S
56 **Vannes** Lycée A R Lesage 02 97 46 61 10 **Public** opt 2 : S
57 **Metz** Lycée de la communication 03 87 75 87 00 **Public** opt 2 : S
57 **Sarrebourg** Lycée Henri Mangin 03 87 17 94 00 **Public** opt 2 : S
57 **Schoeneck** Lycée des métiers Condorcet 03 87 29 25 40 **Public** opt 1 : S, opt 2 : S
57 **Thionville** Lycée des métiers des sciences et des techniques La Briquerie 03 82 53 27 60 **Public** opt 1 : S
57 **Yutz** Pôle Formation UIMM Lorraine (ex-CFAI) 03 82 82 43 80 **CFA privé** opt 1 : A
59 **Armentières** Lycée G Eiffel 03 20 48 43 43 **Public** opt 1 : S, opt 2 : S
59 **Douai** Lycée E Labbé 03 27 71 51 71 **Public** opt 1 : S ou A, opt 2 : A
59 **Dunkerque** Lycée de l'Europe 03 28 58 72 10 **Public** opt 1 : S ou A
59 **Dunkerque** Lycée Epid 03 28 29 22 92 **Pr Sc** opt 1 : S, opt 2 : S
59 **Lille** Campus Ozanam 03 20 21 98 80 **Pr Sc** opt 1 : S, opt 2 : S
59 **Lille** Cours Diderot 03 20 02 02 97 **Pr Hc** opt 1 : S
59 **Lille** Lycée Baggio 03 20 88 67 88 **Public** opt 1 : S, opt 2 : S
59 **Roubaix** Lycée J Rostand 03 20 20 59 30 **Public** opt 1 : S ou A
59 **Tourcoing** Lycée Colbert 03 20 76 12 00 **Public** opt 1 : S, opt 2 : S
60 **Méru** LP Lavoisier 03 44 52 65 40 **Public** opt 1 : S
60 **Venette** Promeo 03 44 20 70 10 **CFA privé** opt 1 : A
62 **Béthune** Lycée A Malraux 03 21 64 61 61 **Public** opt 1 : S
62 **Bruay-la-Buissière** Lycée Carnot 03 21 64 65 00 **Public** opt 2 : S
62 **Longuenesse** Lycée B Pascal 03 21 98 28 66 **Public** opt 1 : S, opt 2 : S
62 **Saint-Martin-Boulogne** Lycée Saint-Joseph 03 21 99 06 99 **Pr Sc** opt 1 : S
63 **Clermont-Ferrand** Lycée La Fayette 04 73 28 08 08 **Public** opt 1 : S ou A, opt 2 : S ou A
63 **Cournon-d'Auvergne** CFAI d'Auvergne - Site de Cournon-d'Auvergne 04 73 69 41 11 **CFA privé** opt 1 : A

CFA : centre de formation d'apprentis
LP : lycée professionnel
LPO : lycée polyvalent
MFR : maison familiale rurale
Pr Hc : privé hors contrat
Pr Sc : privé sous contrat
A : statut apprenti
S : statut scolaire

BTS systèmes numériques (suite)

64 **Assat** CFAI Adour - Site d'Assat 05 59 00 01 01 **CFA privé** opt 1: **A**
64 **Hasparren** Lycée Saint-Joseph 05 59 70 29 30 **Pr Sc** opt 1: **S**
64 **Pau** Lycée Saint-Cricq 05 59 30 50 55 **Public** opt 1: **S**, opt 2: **S**
65 **Tarbes** Lycée Pradeau-La Sède Saint-Pierre 05 62 44 20 66 **Pr Sc** opt 1: **S**
66 **Perpignan** Lycée P Picasso 04 68 50 04 13 **Public** opt 1: **S**, opt 2: **S**
66 **Perpignan** Lycée Sainte-Louise de Marillac 04 68 55 50 05 **Pr Sc** opt 2: **S**
67 **Eckbolsheim** CFAI Alsace 03 88 37 33 85 **CFA privé** opt 1: **A**
67 **Haguenau** Lycée H Nessel 03 88 53 20 00 **Public** opt 1: **S**, opt 2: **S**
67 **Strasbourg** Lycée L Couffignal 03 88 40 52 52 **Public** opt 1: **S**, opt 2: **S**
68 **Colmar** Lycée B Pascal 03 89 22 92 10 **Public** opt 1: **S**, opt 2: **S**
68 **Mulhouse** Lycée L Armand 03 89 33 47 80 **Public** opt 1: **S** ou **A**, opt 2: **S** ou **A**
69 **Lyon** Groupe Sciences U Lyon - Crespa 04 26 29 01 01 **Pr reconnu** opt 1: **S**
69 **Lyon** Lycée E Branly 04 72 16 70 00 **Public** opt 1: **S** ou **A**, opt 2: **S** ou **A**
69 **Lyon** Lycée ORT 04 72 78 09 09 **Pr Sc** opt 1: **S**
69 **Vénissieux** Lycée M Sembat 04 78 78 50 00 **Public** opt 1: **S**, opt 2: **S**
71 **Chalon-sur-Saône** Cité Niepce Balleure 03 85 97 96 00 **Public** opt 1: **S** ou **A**, opt 2: **S** ou **A**
72 **Le Mans** Lycée G Touchard - Washington 02 43 50 16 20 **Public** opt 1: **S**
74 **Annecy** LGT privé Saint-Michel 04 50 45 05 20 **Pr Sc** opt 1: **S**
74 **Annecy** Lycée polyvalent L Lachenal 04 50 27 20 96 **Public** opt 2: **S**
74 **Cluses** Lycée polyvalent Charles Poncet 04 50 89 36 20 **Public** opt 1: **S**
75 **Paris** CFA Dorian 01 44 93 81 36 **Public** opt 1: **A**, opt 2: **A**
75 **Paris** Cours Diderot 01 49 23 75 75 **Pr Hc** opt 1: **S**, opt 2: **S**
75 **Paris** Esme Sudria Ivry, Paris, Lille, Lyon, Bordeaux 01 56 20 62 00 **Pr reconnu** opt 1: **S** ou **A**, opt 2: **S**
75 **Paris** Groupe scolaire Bergson-Jacquard 01 44 84 40 00 **Public** opt 1: **S**, opt 2: **S**
75 **Paris** Lycée Diderot 01 40 40 36 36 **Public** opt 1: **S**, opt 2: **S**
75 **Paris** Lycée Dorian 01 44 93 81 30 **Public** opt 1: **S**, opt 2: **S**
75 **Paris** Lycée L Armand 01 45 57 51 50 **Public** opt 2: **S**
75 **Paris** Lycée privé Fénelon Sup - La Plaine Monceau 01 43 87 54 05 **Pr Sc** opt 1: **A**
76 **Le Havre** Lycée J Siegfried 02 35 41 31 32 **Public** opt 2: **S**
76 **Le Mesnil-Esnard** Lycée La Châtaigneraie 02 32 86 53 00 **Pr Sc** opt 1: **S**, opt 2: **S**
76 **Sotteville-lès-Rouen** Lycée Marcel Sembat 02 32 81 50 50 **Public** opt 1: **S**, opt 2: **S**
76 **Yvetot** Lycée R Queneau 02 35 95 12 66 **Public** opt 1: **S**, opt 2: **S**
77 **Champagne-sur-Seine** Lycée La Fayette 01 64 69 54 10 **Public** opt 1: **S**, opt 2: **S**
77 **Champs-sur-Marne** CFA Utec informatique et technologies numériques 01 60 37 52 25 **Consulaire** opt 1: **A**
77 **Chelles** Lycée G Bachelard 01 64 72 88 88 **Public** opt 1: **S**
77 **Noisiel** Lycée R Cassin 01 60 37 56 56 **Public** opt 2: **S**
78 **Montigny-le-Bretonneux** CFI Montigny-le-Bretonneux (anciennement IFA Delorozoy) 01 30 48 80 00 **Consulaire** opt 1: **A**, opt 2: **A**
78 **Versailles** Lycée J Ferry 01 39 20 11 60 **Public** opt 1: **S** ou **A**, opt 2: **S**
79 **Niort** ICSSA 05 49 33 03 64 **Pr Sc** opt 1: **S**
80 **Amiens** Lycée E Branly 03 22 53 49 60 **Public** opt 1: **S**, opt 2: **S**
80 **Amiens** Lycée La Providence 03 22 33 77 77 **Pr Sc** opt 1: **S**
81 **Albi** Lycée L Rascol 05 63 48 25 00 **Public** opt 1: **S** ou **A**, opt 2: **S** ou **A**
82 **Montauban** Lycée A Bourdelle 05 63 92 63 00 **Public** opt 1: **S** ou **A**, opt 2: **S** ou **A**
83 **Hyères** Lycée Costebelle 04 94 57 78 93 **Public** opt 1: **S**
83 **Lorgues** Lycée T Edison 04 94 60 33 40 **Public** opt 1: **S**
83 **Ollioules** Lycée Externat Saint-Joseph (La Cordeille) 04 94 24 43 49 **Pr Sc** opt 1: **S**
83 **Toulon** Lycée Rouvière 04 94 27 39 44 **Public** opt 2: **S**
84 **Avignon** LPO La Salle 04 90 14 56 56 **Pr Sc** opt 1: **S**, opt 2: **S**
84 **Avignon** Lycée P de Girard 04 13 95 10 00 **Public** opt 1: **S**, opt 2: **S**
84 **L'Isle-sur-la-Sorgue** Lycée A Benoît 04 90 20 64 20 **Public** opt 1: **S**, opt 2: **S**
85 **La Roche-sur-Yon** Lycée J de Lattre-de-Tassigny 02 51 62 63 00 **Public** opt 1: **S**, opt 2: **S**
85 **Saint-Laurent-sur-Sèvre** Lycée général et technologique Saint-Gabriel -Saint Michel 02 51 64 62 62 **Pr Sc** opt 1: **S**, opt 2: **S**
86 **Jaunay-Marigny** LP2I 05 49 62 05 75 **Public** opt 1: **S** ou **A**
86 **Poitiers** CFA industriel Poitou-Charentes 05 49 37 68 50 **CFA privé** opt 2: **A**
86 **Poitiers** Lycée polyvalent N Mandela 05 17 84 35 00 **Public** opt 2: **S**
87 **Limoges** Lycée Turgot 05 55 12 31 00 **Public** opt 1: **S** ou **A**
88 **Épinal** Lycée des métiers P Mendès France 03 29 81 21 81 **Public** opt 1: **S**
89 **Sens** Lycée C et R Janot 03 86 95 72 00 **Public** opt 1: **S**, opt 2: **S** ou **A**
90 **Bavilliers** LP D Diderot 03 84 57 37 27 **Public** opt 2: **S**
91 **Arpajon** Lycée E Michelet 01 60 83 97 63 **Public** opt 1: **S**
91 **Corbeil-Essonnes** Lycée R Doisneau 01 60 88 81 81 **Public** opt 1: **S**
91 **Évry-Courcouronnes** Lycée G Brassens 01 69 47 54 70 **Public** opt 2: **S**
91 **Massy** Lycée Parc de Vilgénis 01 69 53 74 00 **Public** opt 1: **S** ou **A**
92 **Clichy** Lycée I Newton 01 41 06 78 78 **Public** opt 1: **S**
92 **Issy-les-Moulineaux CFA** Aforp - Site d'Issy-les-Moulineaux 01 41 46 09 10 **CFA privé** opt 1: **A**, opt 2: **A**
92 **Issy-les-Moulineaux** Lycée La Salle 01 41 46 15 15 **Pr Sc** opt 1: **A**
92 **Puteaux** Lycée Agora 01 45 06 06 41 **Public** opt 1: **S**
93 **Aubervilliers** Lycée Le Corbusier 01 48 33 74 57 **Public** opt 1: **S**
93 **Gagny** Lycée G Eiffel 01 43 02 80 36 **Public** opt 1: **S**, opt 2: **S**
93 **Saint-Denis** Lycée P Éluard 01 49 71 70 00 **Public** opt 1: **S**, opt 2: **S**
93 **Villepinte** Lycée J Rostand 01 49 36 24 44 **Public** opt 1: **S**
94 **Cachan** Lycée de Cachan 01 47 40 49 60 **Public** opt 2: **S**
94 **Champigny-sur-Marne** Lycée Langevin Wallon 01 48 81 28 33 **Public** opt 1: **S**
94 **Nogent-sur-Marne** Lycée L Armand 01 45 14 28 28 **Public** opt 1: **S** ou **A**, opt 2: **S**
94 **Sucy-en-Brie** Lycée C Colomb 01 49 82 29 29 **Public** opt 1: **S**
95 **Argenteuil** Lycée J Jaurès 01 39 98 50 00 **Public** opt 1: **S**, opt 2: **S**
95 **Saint-Ouen-l'Aumône** Lycée J Perrin 01 34 32 58 28 **Public** opt 2: **S**
95 **Sarcelles** Lycée de la Tourelle 01 34 38 36 00 **Public** opt 1: **S**
95 **Taverny** Lycée L Jouvet 01 34 18 41 20 **Public** opt 1: **S**
971 **Les Abymes** Lycée polyvalent Chevalier de Saint-Georges 05 90 82 06 02 **Public** opt 1: **S**, opt 2: **S**
972 **Fort-de-France** Lycée général et technologique Joseph Gaillard 05 96 61 99 10 **Public** opt 1: **S**
972 **La Trinité** Lycée général et technologique Frantz Fanon 05 96 58 21 96 **Public** opt 2: **S**
974 **Les Trois-Bassins** Lycée polyvalent

de Trois-Bassins 02 62 24 79 50
Public opt 1: **S**, opt 2: **S**
974 **Le Tampon** Lycée polyvalent Roland Garros
02 62 57 81 00 **Public** opt 1: **S**, opt 2: **S**
974 **Saint-Denis** Lycée Mémona Hintermann-Afféjee
02 62 98 24 25 **Public** opt 1: **S**, opt 2: **S**
988 **Mont-Dore** Lycée polyvalent du Mont-Dore 687 45 48 44
Public opt 1: **S**, opt 2: **S**

DUT (FUTURS BUT*)

Liste des établissements préparant aux DUT du domaine, classés par départements. Les formations en apprentissage sont signalées par un **A**.

À noter: les DUT deviendront des BUT (bachelors universitaires de technologie, en 3 ans après le bac) en septembre 2021 (réforme en cours).

INFORMATIQUE

01 **Bourg-en-Bresse** IUT Lyon 1 04 74 45 50 50 **S**
06 **Nice** IUT 04 97 25 82 00 **S**
06 **Valbonne** IUT de Nice 04 97 25 82 00 **A**
12 **Rodez** IUT 05 65 77 10 80 **S**
13 **Aix-en-Provence** IUT 04 42 93 90 00 **S**
13 **Arles** IUT de Provence 04 13 55 21 00 **S**
14 **IFS** IUT 02 31 52 55 00 **S**
17 **La Rochelle** IUT 05 46 51 39 00 **S**
21 **Dijon** IUT 03 80 39 65 95 **S**
22 **Lannion** IUT 02 96 46 93 00 **S** ou **A**
26 **Valence** IUT 04 75 41 88 00 **S**
31 **Blagnac** IUT 05 62 74 75 75 **S** ou **A**
31 **Toulouse** IUT A Paul Sabatier 05 62 25 80 30 **S AS**
33 **Gradignan** IUT de Bordeaux 05 56 84 57 57 **S**
34 **Montpellier** IUT 04 99 58 50 40 **S AS**
38 **Grenoble** IUT 2 04 76 28 45 09 **S AS**
43 **Le Puy-en-Velay** IUT de Clermont-Ferrand - Le-Puy-en-Velay 04 71 09 90 80 **S**
44 **Nantes** IUT 02 40 30 60 90 **S** ou **A**
45 **Orléans** IUT 02 38 49 44 96 **S AS**
51 **Reims** IUT de Reims Châlons Charleville 03 26 91 30 71 **S**
53 **Laval** IUT 02 43 59 49 01 **S**
54 **Nancy** IUT Nancy-Charlemagne 03 72 74 33 40 **S AS**
56 **Vannes** IUT 02 97 62 64 64 **S** ou **A**
57 **Metz** IUT 03 72 74 84 00 **S AS**
59 **Maubeuge** IUT de Valenciennes, campus de Maubeuge 03 27 53 17 70 **S** ou **A**
59 **Villeneuve-d'Ascq** IUT A 03 59 63 21 00 **S** ou **A**
62 **Calais** IUT de Calais 03 21 19 06 00 **S** ou **A**
62 **Lens** IUT de Lens 03 21 79 19 58 **S**
63 **Aubière** IUT de Clermont-Ferrand 04 73 17 70 01 **S**
64 **Anglet** IUT de Bayonne, Pays Basque (Collège STEE) - Campus d'Anglet 05 59 57 43 03 **S** ou **A**
67 **Illkirch-Graffenstaden** IUT R Schuman 03 68 85 89 10 **S**
69 **Villeurbanne** IUT Lyon 1 (site La Doua) 04 72 69 20 00 **S AS**
74 **Annecy** IUT 04 50 09 22 22 **S**
75 **Paris** IUT Paris 5 01 76 53 47 00 **S** ou **A**
76 **Le Havre** IUT 02 32 74 46 00 **S** ou **A**
77 **Champs-sur-Marne** IUT de Marne-La-Vallée 01 60 95 85 85 **S** ou **A**
77 **Fontainebleau** IUT de Sénart - Fontainebleau (site Fontainebleau) 01 60 74 68 00 **S** ou **A**
77 **Lieusaint** IUT de Sénart - Fontainebleau (site Sénart) 01 64 13 44 88 **S**
78 **Vélizy-Villacoublay** IUT de Vélizy 01 39 25 48 33 **S** ou **A**
80 **Amiens** IUT 03 22 53 40 40 **S AS**
87 **Limoges** IUT 05 55 43 43 55 **S**
88 **Saint-Dié-des-Vosges** IUT 03 72 74 95 00 **S**
90 **Belfort** IUT 03 84 58 77 12 **S** ou **A**
91 **Orsay** IUT d'Orsay 01 69 33 60 00 **S** ou **A AS**
93 **Montreuil** IUT de Montreuil 01 48 70 37 00 **S** ou **A**
93 **Saint-Denis** IT-Cnam 01 58 80 87 92 **A**
93 **Villetaneuse** IUT de Villetaneuse 01 49 40 30 00 **S** ou **A AS**

MÉTIERS DU MULTIMÉDIA ET DE L'INTERNET (MMI)

03 **Vichy** IUT d'Allier - Vichy 04 70 30 43 91 **S**
10 **Troyes** IUT 03 25 42 46 46 **S**
13 **Arles** IUT de Provence 04 13 55 21 00 **S**
16 **Angoulême** IUT 05 45 67 32 07 **S**
21 **Dijon** IUT 03 80 39 65 95 **S**
22 **Lannion** IUT 02 96 46 93 00 **S** ou **A**
25 **Montbéliard** IUT 03 81 99 46 28 **S** ou **A**
2B **Corte** IUT 04 95 61 16 52 **S** ou **A**
33 **Bordeaux** IUT Bordeaux Montaigne 05 57 12 20 44 **S**
34 **Béziers** IUT de Béziers 04 67 11 60 00 **S** ou **A**
38 **Grenoble** IUT 1 04 76 57 50 00 **S**
41 **Blois** IUT 02 54 55 21 33 **S** ou **A**
43 **Le Puy-en-Velay** IUT de Clermont-Ferrand - Le-Puy-en-Velay 04 71 09 90 80 **S**
50 **Saint-Lô** IUT 02 33 77 11 68 **S**
53 **Laval** IUT 02 43 59 49 01 **S** ou **A**
54 **Nancy** IUT Nancy-Charlemagne 03 72 74 33 40 **S**
62 **Lens** IUT de Lens 03 21 79 19 58 **S**
65 **Tarbes** IUT Toulouse III 05 62 44 42 00 **S**
67 **Haguenau** IUT 03 88 05 34 00 **S**
68 **Mulhouse** IUT de Mulhouse 03 89 33 74 00 **S** ou **A**
73 **Le Bourget-du-Lac** IUT de Chambéry 04 79 75 81 75 **S**
76 **Elbeuf** IUT 02 32 14 60 14 **S**
77 **Champs-sur-Marne** IUT de Marne-La-Vallée 01 60 95 85 85 **S**
77 **Fontainebleau** IUT de Sénart - Fontainebleau (site Fontainebleau) 01 60 74 68 00 **S** ou **A**
77 **Meaux** IUT de Marne-la-Vallée 01 64 36 44 10 **S**
78 **Vélizy-Villacoublay** IUT de Vélizy 01 39 25 48 33 **S**
81 **Castres** IUT P Sabatier 05 63 62 11 50 **S**
83 **Toulon** IUT de Toulon 04 94 14 22 03 **S** ou **A**
87 **Limoges** IUT 05 55 43 43 55 **S**
88 **Saint-Dié-des-Vosges** IUT 03 72 74 95 00 **S**
93 **Bobigny** IUT de Bobigny 01 48 38 88 42 **S**
95 **Sarcelles** IUT de Cergy (site Sarcelles) 01 34 38 26 00 **S**
971 **Saint-Claude** IUT de Guadeloupe 05 90 48 34 80 **S**
988 **Nouméa** IUT de Nouvelle-Calédonie 687 290 600 **S**

CFA: centre de formation d'apprentis
LP: lycée professionnel
LPO: lycée polyvalent
MFR: maison familiale rurale
Pr Hc: privé hors contrat
Pr Sc: privé sous contrat
A: statut apprenti; S: statut scolaire
AS: année spéciale

RÉSEAUX ET TÉLÉCOMMUNICATIONS

06 **Valbonne** IUT de Nice 04 97 25 82 00 S ou A
13 **Marseille** IUT Luminy 04 91 17 79 21 S
14 **Ifs** IUT 02 31 52 55 00 S ou A
17 **La Rochelle** IUT 05 46 51 39 00 S
22 **Lannion** IUT 02 96 46 93 00 S AS
25 **Montbéliard** IUT 03 81 99 46 28 S ou A
26 **Valence** IUT 04 75 41 88 00 S
31 **Blagnac** IUT 05 62 74 75 75 S ou A
34 **Béziers** IUT de Béziers 04 67 11 60 00 S ou A
35 **Saint-Malo** IUT 02 99 21 95 00 S ou A
38 **Saint-Martin-d'Hères** ENEPS 04 76 82 84 15 S
38 **Saint-Martin-d'Hères** IUT 1 04 76 82 53 00 S ou A
40 **Mont-de-Marsan** IUT des Pays de l'Adour (Collège STEE) - Campus de Mont-de-Marsan 05 58 51 37 00 S
41 **Blois** IUT 02 54 55 21 33 S ou A
42 **Roanne** IUT 04 77 44 89 00 S
51 **Châlons-en-Champagne** IUT 03 26 21 81 83 S ou A
54 **Villers-lès-Nancy** IUT Nancy-Brabois 03 72 74 70 00 S ou A
62 **Béthune** IUT de Béthune 03 21 63 23 00 S ou A
63 **Aubière** IUT de Clermont-Ferrand 04 73 17 70 01 S
68 **Colmar** IUT 03 89 20 23 58 S ou A
74 **Annecy** IUT 04 50 09 22 22 S ou A
76 **Elbeuf** IUT 02 32 14 60 14 S ou A
78 **Vélizy-Villacoublay** IUT de Vélizy 01 39 25 48 33 S ou A
85 **La Roche-sur-Yon** IUT 02 51 47 84 40 S ou A
86 **Châtellerault** IUT 05 49 02 52 22 S ou A
89 **Auxerre** IUT 03 86 49 28 20 S ou A
93 **Villetaneuse** IUT de Villetaneuse 01 49 40 30 00 S ou A
94 **Vitry-sur-Seine** IUT Site Vitry 01 45 17 17 01 S ou A
973 **Cayenne** Départements de formation et recherche S
973 **Kourou** IUT 05 94 32 80 00 S
974 **Saint-Pierre** IUT de Saint-Pierre 02 62 96 28 70 S ou A

STATISTIQUE ET INFORMATIQUE DÉCISIONNELLE (STID)

06 **Valbonne** IUT de Nice 04 97 25 82 00 S
11 **Carcassonne** IUT de Perpignan 04 68 47 71 60 S ou A AS
14 **Lisieux** IUT 02 31 48 44 00 S
15 **Aurillac** IUT de Clermont-Ferrand - Aurillac 04 71 45 57 50 S ou A
38 **Grenoble** IUT 2 04 76 28 45 09 S AS
56 **Vannes** IUT 02 97 62 64 64 S
57 **Metz** IUT 03 72 74 84 00 S ou A
59 **Roubaix** IUT C 03 28 33 36 20 S ou A
64 **Pau** IUT des Pays de l'Adour (Collège STEE) - Campus de Pau 05 59 40 71 20 S
69 **Bron** IUT Lumière 04 78 77 24 50 S ou A
75 **Paris** IUT Paris 5 01 76 53 47 00 S ou A AS
79 **Niort** IUT 05 49 79 99 00 S
84 **Avignon** IUT 04 90 84 14 00 S
93 **Villetaneuse** IUT de Villetaneuse 01 49 40 30 00 S

LICENCES PROFESSIONNELLES

Liste des licences professionnelles du domaine. Pour chacune sont indiqués l'établissement qui y prépare (en couleur) et la commune (en noir). Les formations en apprentissage sont signalées par un A.

e-commerce et marketing numérique: Aix-Marseille Univ. Aix-en-Provence, CFA iA Nantes A, CFA tertiaire de la CCI de Martinique Schœlcher A, Faculté des métiers - CFA de la CCI Ille-et-Vilaine - Saint-Malo Saint-Jouan-des-Guérets A, La Rochelle Univ. La Rochelle A, Lycée Ch de Foucauld Paris A, Lycée G Dumézil Vernon, Lycée Saint-Jude Armentières, Univ Bretagne-Sud Vannes, Univ. Bordeaux Montaigne Bordeaux A, Univ. d'Artois Lens, Univ. de Bordeaux Bordeaux A, Univ. de Caen Damigny A, Univ. de Franche-Comté Belfort A, Univ. de Haute-Alsace Mulhouse A, Univ. de Lille Roubaix A, Univ. de Lorraine Épinal, Metz A, Nancy A, Yutz, Univ. de Nantes Nantes A, Univ. de Rouen Évreux A, Univ. de Tours Tours A, Univ. de Versailles Saint-Quentin Rambouillet A, Univ. d'Évry Évry-Courcouronnes A, Univ. Lyon 1 - C. Bernard Villeurbanne A, Univ. Lyon 3 - J. Moulin Lyon, Univ. Paris Paris A, Univ. Paris 8 Montreuil A, Univ. Paris-Est Créteil Créteil A, Fontainebleau A, Lieusaint A, Univ. Picardie Creil, Univ. polytechnique Hauts-de-France Cambrai, Maubeuge, Valenciennes, Univ. Rennes 1 Lannion A, Saint-Malo A, Univ. Toulouse 2 - J. Jaurès Toulouse, Université catholique de Lille Lille, USMB Annecy A, Le Bourget-du-Lac A

métiers de la promotion des produits de santé: Univ. de Montpellier Montpellier A, Univ. Toulouse 3 P. Sabatier Toulouse A

métiers de l'informatique: administration et sécurité des systèmes et des réseaux: Aix-Marseille Univ. Marseille A, Imerir Perpignan Perpignan A, Ina Sup Bry-sur-Marne A, LP J Prévert Combs-la-Ville A, Univ. de Bordeaux Talence A, Univ. de Bourgogne Dijon, Univ. de Caen Ifs A, Univ. de Côte d'Azur Valbonne A, Univ. de Lorraine Metz A, Nancy, Univ. de Nantes La Roche-sur-Yon A, Univ. de Perpignan Perpignan, Univ. de Strasbourg Strasbourg A, Univ. de Tours Blois A, Univ. Grenoble Alpes Grenoble A, Univ. Lyon 1 - C. Bernard Villeurbanne A, Univ. Paris-Est Champs-sur-Marne A, Univ. Paris-Est Créteil Lieusaint A, Univ. Paris-Sud Orsay A, Univ. polytechnique Hauts-de-France Maubeuge, Univ. Rennes 1 Lannion A, USMB Annecy A

métiers de l'informatique: applications Web: Aix-Marseille Univ. Aix-en-Provence A, Gap, École de l'air Salon-de-Provence Salon-de-Provence A, La Rochelle Univ. La Rochelle A, Le Mans univ. Laval A, Lycée Saliège Balma, Sorbonne univ. Paris A, Univ. Clermont Auvergne Aubière, Univ. de Bordeaux Gradignan A, Univ. de Bourgogne Auxerre, Dijon, Univ. de Cergy Cergy A, Univ. de Côte d'Azur Nice, Univ. de Franche-Comté Belfort, Univ. de Guyane Cayenne, Univ. de la Polynésie française Faaa, Univ. de Lille Villeneuve-d'Ascq A, Univ. de Lorraine Metz, Nancy, Saint-Dié-des-Vosges, Univ. de Montpellier Montpellier, Univ. de Perpignan Carcassonne A, Univ. de Strasbourg Haguenau A, Illkirch-Graffenstaden A, Univ. des Antilles Schœlcher, Univ. d'Évry Évry-Courcouronnes A, Univ. du Littoral Calais A, Univ. Grenoble Alpes Grenoble A, Univ. Le Havre Le Havre A, Univ. Lyon 1 - C. Bernard Bourg-en-Bresse A, Univ. Paris 8 Saint-Denis, Univ. Rennes 1 Lannion, Univ. Toulouse 1 Capitole Toulouse, Univ. Toulouse 3 P. Sabatier Castres A

métiers de l'informatique: conception, développement et test de logiciels: Aix-Marseille Univ. Arles, Marseille, CCI Formation multimédia Annecy A, La Rochelle Univ. La Rochelle A, Le Mans univ. Laval A, Univ Bretagne-Sud Vannes A, Univ. Clermont Auvergne Aubière, Univ. d'Artois Lens, Univ. de Bordeaux Gradignan A, Univ. de Côte d'Azur Valbonne A, Univ. de Franche-Comté Besançon, Univ. de Haute-Alsace Strasbourg A, Univ. de Lorraine Metz A, Univ. de Montpellier Montpellier, Univ. de Nantes Nantes A, Univ. de Pau Anglet A, Univ. de Poitiers Poitiers A, Univ. de Reims Reims, Univ. de Strasbourg Strasbourg A, Univ. d'Orléans Orléans A, Univ. Grenoble Alpes Grenoble A, Valence A, Univ. Lyon 1 - C. Bernard Bourg-en-Bresse A, Univ. Lyon 1 - C. Bernard Villeurbanne A, Univ. Paris Paris A, Univ. Paris 13 Villetaneuse A, Univ. Paris 8 Montreuil A, Univ. Paris-Est Créteil Créteil A, Univ. Paris-Sud Orsay A, Univ. Picardie Saint-Quentin A, Univ. polytechnique Hauts-de-France Maubeuge A, Valenciennes A, Univ. Toulouse 1 Capitole Rodez A, Univ. Toulouse 2 - J. Jaurès Blagnac A, Univ. Toulouse 3 P. Sabatier Toulouse, USMB Annecy A

métiers des réseaux informatiques et télécommunications: Aix-Marseille Univ. Marseille A, Cnam sécurité-défense Ploufragan, Faculté des métiers - CFA de la CMA d'Ille-et-

Vilaine - Rennes Bruz A, La Rochelle Univ. La Rochelle A, Lycée A Malraux Béthune, Lycée Parc de Vilgénis Massy A, Univ. Clermont Auvergne Aubière, Univ. d'Angers Angers A, Univ. d'Artois Béthune, Univ. de Cergy Cergy A, Univ. de Franche-Comté Montbéliard A, Univ. de Guyane Kourou, Univ. de Haute-Alsace Colmar A, Univ. de La Réunion Saint-Pierre A, Univ. de Lille Villeneuve-d'Ascq A, Univ. de Limoges Brive-la-Gaillarde A, Univ. de Lorraine Villers-lès-Nancy A, Univ. de Montpellier Béziers A, Univ. de Pau Mont-de-Marsan A, Univ. de Poitiers Châtellerault A, Univ. de Reims Châlons-en-Champagne A, Univ. de Rouen Elbeuf A, Univ. de Saint-Étienne Roanne A, Univ. de Toulon La Garde, Univ. de Versailles Saint-Quentin Vélizy-Villacoublay A, Univ. d'Évry Évry-Courcouronnes A, Univ. du Littoral Calais A, Univ. Grenoble Alpes Saint-Martin-d'Hères A, Valence A, Univ. Lyon 1 - C. Bernard Villeurbanne A, Univ. Paris 13 Villetaneuse A, Univ. Paris-Est Créteil Vitry-sur-Seine A, Univ. Paris-Sud Cachan A, Univ. Picardie Amiens A, Univ. polytechnique Hauts-de-France Valenciennes, Univ. Rennes 1 Saint-Malo A, Univ. Toulouse 2 - J. Jaurès Blagnac A

■ **métiers du décisionnel et de la statistique:** Aix-Marseille Univ. Marseille, Cnam de la Martinique Schœlcher, Lycée Saint-Charles Athis-Mons A, Univ Bretagne-Sud Vannes, Univ. de Caen Lisieux, Univ. de Lille Roubaix A, Univ. de Lorraine Metz A, Univ. de Pau Pau A, Univ. de Poitiers Niort A, Univ. Grenoble Alpes Grenoble A, Univ. Lyon 2 - Lumière Bron A, Univ. Paris Paris A, Univ. Paris-Est Champs-sur-Marne A

■ **métiers du marketing opérationnel:** LPO Jean Lurçat - Site Gobelins Paris A, Lycée Saint-Luc Cambrai, Lycée Saint-Jean Besançon, Lycée Saint-Jude Armentières, Univ. de Franche-Comté Besançon, Univ. de Guyane Cayenne, Univ. de La Réunion Saint-Denis A, Univ. de Lorraine Nancy A, Univ. de Versailles Saint-Quentin Rambouillet A, Univ. d'Évry Évry-Courcouronnes A, Univ. Panthéon-Sorbonne Paris A, Université catholique de Lille Lille

■ **métiers du numérique: conception, rédaction et réalisation Web:** Aix-Marseille Univ. Arles, Lycée J Rostand Roubaix A, Lycée JB Corot - Le Château Savigny-sur-Orge A, Univ. Clermont Auvergne Le Puy-en-Velay A, Univ. d'Artois Lens, Univ. de Bourgogne Dijon, Univ. de Cergy Cergy A, Univ. de Franche-Comté Montbéliard A, Univ. de Haute-Alsace Mulhouse A, Univ. de Lille Villeneuve-d'Ascq A, Univ. de Limoges Limoges, Univ. de Lorraine Nancy, Saint-Dié-des-Vosges, Univ. de Montpellier Béziers, Univ. de Nantes La Roche-sur-Yon, Univ. de Pau Anglet A, Univ. de Perpignan Mende A, Univ. de Reims Charleville-Mézières A, Univ. de Rouen Elbeuf A, Univ. de Saint-Étienne Saint-Étienne A, Univ. de Strasbourg Haguenau A, Illkirch-Graffenstaden A, Univ. de Tours Blois A, Univ. de Versailles Saint-Quentin Vélizy-Villacoublay A, Univ. d'Évry Juvisy-sur-Orge A, Univ. Grenoble Alpes Échirolles A, Univ. Lyon 2 - Lumière Bron, Univ. Paris 13 Bobigny A, Univ. Paris 8 Saint-Denis, Univ. Paris-Est Champs-sur-Marne A, Univ. Toulouse 3 P. Sabatier Castres A, Tarbes A

LICENCES

Liste des licences les plus adaptées à une poursuite d'études dans le numérique. Les universités qui y préparent sont indiquées en couleur, la commune en noir. Les formations en apprentissage sont signalées par un A.

■ **gestion commerce, vente et marketing:** Centre Cnam de Lille Lille, CFA Jeanne d'Arc Le Havre A, Cnam Amiens A, Reims, Lycée Cassini Clermont A, Lycée F Faure Beauvais A, Lycée Saint-Charles Athis-Mons A, Lycée Saint-Joseph Saint-Martin-Boulogne A

■ **informatique:** Aix-Marseille Univ. Aix-en-Provence A, Marseille, Avignon Université Avignon, Centre Cnam de Lille Lille A, Centre régional associé au Cnam Chalon-sur-Saône, CFA tertiaire de la CCI de Martinique Schœlcher A, Cnam Cholet A, Nantes A, Saint-Denis A, Cnam de la Martinique Schœlcher A, Cnam de Laval Saint-Berthevin A, Conservatoire national des arts et métiers Franche-Comté Belfort A, La Rochelle Univ. La Rochelle, Le Mans univ. Le Mans, Lycée Bahuet Brive-la-Gaillarde A, Lycée Ch de Foucauld Paris A, Lycée Saint-Joseph Saint-Martin Boulogne A, Sorbonne univ. Paris, Univ Bretagne-Sud Vannes, Univ. Champollion Albi, Univ. Clermont Auvergne Aubière, Univ. d'Angers Angers, Univ. d'Artois Lens, Univ. de Bordeaux Talence, Univ. de Bourgogne Dijon, Univ. de Bretagne occidentale Brest, Univ. de Caen Caen, Univ. de Cergy Cergy, Univ. de Côte d'Azur Nice, Univ. de Franche-Comté Besançon, Univ. de Guyane Cayenne, Univ. de Haute-Alsace Mulhouse, Univ. de la Polynésie française Faaa, Univ. de La Réunion Saint-Denis, Univ. de Lille Villeneuve-d'Ascq, Univ. de Limoges Limoges, Univ. de Lorraine Metz, Vandœuvre-lès-Nancy, Univ. de Montpellier Montpellier, Univ. de Nantes Nantes, Univ. de Nouvelle Calédonie Nouméa, Univ. de Pau Anglet, Pau, Univ. de Perpignan Perpignan, Univ. de Poitiers Poitiers, Univ. de Reims Reims, Univ. de Rouen Saint-Étienne-du-Rouvray, Univ. de Saint-Étienne Saint-Étienne, Univ. de Strasbourg Strasbourg, Univ. de Toulon La Garde, Univ. de Tours Blois, Tours, Univ. de Versailles Saint-Quentin Versailles, Univ. des Antilles Pointe-à-Pitre, Univ. d'Évry Évry-Courcouronnes A, Univ. d'Orléans Orléans, Univ. du Littoral Calais A, Dunkerque, Univ. Grenoble Alpes Saint-Martin-d'Hères, Valence, Univ. Le Havre Le Havre, Univ. Lyon 1 - C. Bernard Villeurbanne, Univ. Paris Paris A, Univ. Paris 13 Villetaneuse, Univ. Paris 8 Saint-Denis, Univ. Paris-Est Champs-sur-Marne A, Univ. Paris-Est Créteil Créteil, Univ. Paris-Sud Orsay A, Univ. Picardie Amiens, Univ. polytechnique Hauts-de-France Valenciennes A, Univ. Rennes 1 Rennes, Univ. Toulouse 3 P. Sabatier Toulouse A, Université catholique de Lille Lille, USMB Le Bourget-du-Lac

■ **mathématiques et informatique appliquées aux sciences humaines et sociales:** Aix-Marseille Univ. Aix-en-Provence, Marseille, UCO d'Angers Angers, Rezé, Univ. Clermont Auvergne Aubière, Univ. de Bordeaux Talence, Univ. de Bretagne occidentale Brest, Univ. de Caen Caen, Univ. de Côte d'Azur Nice, Univ. de La Réunion Saint-Denis, Univ. de Lille Villeneuve-d'Ascq, Univ. de Lorraine Nancy A, Univ. de Montpellier 3 Montpellier, Univ. de Pau Pau, Univ. de Versailles Saint-Quentin Versailles, Univ. Grenoble Alpes Saint-Martin-d'Hères, Univ. Lyon 2 - Lumière Bron, Univ. Panthéon-Sorbonne Paris A, Univ. Paris Paris, Univ. Paris Nanterre Nanterre A, Univ. Paris-Est Champs-sur-Marne, Univ. Rennes 1 Rennes, Univ. Rennes 2 Rennes, Univ. Toulouse 1 Capitole Rodez A, Toulouse, Univ. Toulouse 2 - J. Jaurès Toulouse A, Univ. Toulouse 3 P. Sabatier Toulouse, USMB Le Bourget-du-Lac

MASTERS

Liste des masters offrant une spécialisation dans le numérique. Les universités qui y préparent sont indiquées en couleur, la commune en noir. Les formations en apprentissage sont signalées par un A.

■ **création numérique:** Univ. de Toulon Toulon, Univ. Paris 13 Villetaneuse A, Univ. Paris 8 Saint-Denis, Univ. polytechnique Hauts-de-France Valenciennes, Univ. Rennes 2 Rennes, Univ. Toulouse 2 - J. Jaurès Toulouse, USMB Chambéry A

■ **économétrie, statistiques:** Centrale Lyon Écully, Univ. de Nantes Nantes, Univ. d'Orléans Orléans, Univ. Lyon 1 - C. Bernard Lyon, Univ. Panthéon-Assas Paris A, Univ. Panthéon-Sorbonne Paris A, Univ. Toulouse 1 Capitole Toulouse A

■ **économie industrielle et des réseaux:** Univ. de Montpellier Montpellier

CFA: centre de formation d'apprentis
LP: lycée professionnel
LPO: lycée polyvalent
MFR: maison familiale rurale
Pr Hc: privé hors contrat
Pr Sc: privé sous contrat
A: statut apprenti; S: statut scolaire
AS: année spéciale

■ **informatique :** Aix-Marseille Univ. Marseille, Avignon Université Avignon A, Centrale Lyon Écully, Centrale Marseille Marseille, Centrale Supélec - Campus de Metz Metz A, Centrale Supélec - Campus de Rennes Cesson-Sévigné, Centrale Supélec Paris-Saclay, Metz, Rennes Gif-sur-Yvette, Cnam Saint-Denis A, École polytechnique (l'X) Palaiseau Palaiseau, Enac Toulouse, Montpellier Toulouse, ENI Brest Brest, ENS Lyon Lyon, ENS Paris Paris, ENS Paris-Saclay Cachan, ENS Rennes Bruz, Ensta Bretagne Brest, Eurecom Biot, IMT Atlantique Bretagne Pays de la Loire - campus de Brest Brest, IMT Atlantique Bretagne Pays de la Loire - Campus de Nantes Nantes, Insa Centre Val de Loire Bourges, Insa Rennes Rennes, Isae - Ensma Poitiers - Futuroscope Chasseneuil-du-Poitou, La Rochelle Univ. La Rochelle A, Le Mans univ. Le Mans A, Mines Saint-Étienne Saint-Étienne, Paris-Saclay Paris, Paris-Saclay Saclay A, PSL Paris, Sorbonne univ. Paris A, Télécom Paris Paris, Toulouse INP Toulouse, UCO d'Angers Angers, Univ Bretagne-Sud Vannes, Univ. Clermont Auvergne Aubière, Vichy, Univ. d'Angers Angers A, Univ. d'Artois Lens, Univ. de Bordeaux Talence, Univ. de Bourgogne Dijon, Univ. de Bretagne occidentale Brest, Univ. de Caen Caen, Univ. de Corse P. Paoli Corte A, Univ. de Côte d'Azur Biot A, Nice A, Univ. de Franche-Comté Besançon A, Montbéliard, Univ. de Haute-Alsace Mulhouse, Univ. de Lille Villeneuve-d'Ascq, Univ. de Limoges Limoges, Univ. de Lorraine Metz A, Vandoeuvre-lès-Nancy, Univ. de Montpellier Montpellier, Univ. de Nantes Nantes, Univ. de Pau Anglet A, Pau A, Univ. de Poitiers Poitiers, Univ. de Reims Reims A, Univ. de Rouen Saint-Étienne-du-Rouvray, Univ. de Saint-Étienne Saint-Étienne, Univ. de Strasbourg Strasbourg A, Univ. de Toulon La Garde, Univ. de Tours Blois, Univ. de Tours Tours, Univ. des Antilles Pointe-à-Pitre, Univ. d'Orléans Orléans, Univ. du Littoral Calais A, Univ. Grenoble Alpes Saint-Martin-d'Hères A, Univ. Le Havre Le Havre A, Univ. Lyon 1 - C. Bernard Villeurbanne A, Univ. Lyon 2 - Lumière Bron, Univ. Paris Paris A, Univ. Paris 13 Villetaneuse, Univ. Paris 8 Saint-Denis A, Univ. Paris-Est Champs-sur-Marne A, Univ. Paris-Est Créteil Créteil A, Univ. Picardie Amiens A, Saint-Quentin A, Univ. polytechnique Hauts-de-France Valenciennes A, Univ. Rennes 1 Rennes A, Univ. Toulouse 3 P. Sabatier Toulouse, USMB Le Bourget-du-Lac A, UTBM Belfort Belfort

■ **ingénierie et innovation en images et réseaux :** Univ. Paris 13 Villetaneuse

■ **marketing, vente :** Centre Cnam de Lille Lille A, CFA de la CCI Îles de Guadeloupe Baie-Mahault A, Cnam Cholet A, Nantes A, Reims, La Rochelle Univ. La Rochelle A, Institut Agro - Montpellier SupAgro- IHEV Montpellier A, Lycée Saint-Joseph Saint-Martin-Boulogne A, Paris-Saclay Saclay A, Univ Bretagne-Sud Vannes, Univ. Clermont Auvergne Clermont-Ferrand A, Univ. d'Angers Angers, Univ. d'Artois Arras A, Univ. de Bordeaux Bordeaux A, Univ. de Bourgogne Dijon A, Univ. de Bretagne occidentale Brest, Univ. de Caen Caen A, Univ. de Côte d'Azur Nice A, Univ. de Franche-Comté Besançon, Univ. de Haute-Alsace Colmar A, Univ. de Lille Lille A, Univ. de Lorraine Metz, Nancy, Univ. de Montpellier Montpellier A, Univ. de Nantes Nantes, Univ. de Poitiers Angoulême, Niort A, Poitiers, Univ. de Reims Reims, Troyes, Univ. de Rouen Rouen A, Univ. de Toulon Toulon, Univ. de Tours Tours A, Univ. d'Orléans Orléans A, Univ. Grenoble Alpes Saint-Martin-d'Hères A, Valence A, Univ. Lyon 3 - J. Moulin Bourg-en-Bresse A, Lyon A, Univ. Panthéon-Assas Paris A, Univ. Panthéon-Sorbonne Paris A, Univ. Paris Nanterre Nanterre A, Univ. Paris-Est Champs-sur-Marne A, Univ. Paris-Est Créteil Créteil A, Univ. Picardie Amiens A, Univ. Rennes 1 Rennes A, Univ. Toulouse 1 Capitole Toulouse A, Université catholique de Lille Lille

■ **mathématiques appliquées, statistique :** Agrocampus Ouest Rennes Rennes, Aix-Marseille Univ. Marseille A, Centrale Lyon Écully, Centrale Marseille Marseille, École polytechnique (l'X) Palaiseau Palaiseau, Ensai Bruz Bruz, Insa Rennes Rennes, Mines Saint-Étienne Saint-Étienne, Univ Bretagne-Sud Vannes, Univ. Clermont Auvergne Aubière, Univ. de Bordeaux Pessac, Talence, Univ. de Caen Caen, Univ. de Franche-Comté Besançon, Univ. de Lille Villeneuve-d'Ascq A, Univ. de Rouen Saint-Étienne-du-Rouvray, Univ. de Saint-Étienne Saint-Étienne, Univ. d'Orléans Orléans, Univ. Lyon 1 - C. Bernard Villeurbanne, Univ. Rennes 1 Rennes, Univ. Rennes 2 Rennes

■ **mathématiques et informatique appliquées aux sciences humaines et sociales (MIASHS) :** UCO d'Angers Angers, Univ. de Lille Villeneuve-d'Ascq, Univ. de Montpellier 3 Montpellier A, Univ. de Versailles Saint-Quentin Versailles, Univ. Grenoble Alpes Saint-Martin-d'Hères, Univ. Paris 8 Saint-Denis, Univ. Toulouse 2 - J. Jaurès Toulouse

■ **méthodes informatiques appliquées à la gestion des entreprises :** Aix-Marseille Univ. Marseille A, Paris-Saclay Saclay A, Univ. de Bordeaux Talence A, Univ. de Côte d'Azur Nice, Univ. de Haute-Alsace Mulhouse A, Univ. de Lille Villeneuve-d'Ascq, Univ. de Lorraine Nancy A, Univ. de Nantes Nantes A, Univ. des Antilles Pointe-à-Pitre A, Univ. d'Orléans Orléans A, Univ. Grenoble Alpes Saint-Martin-d'Hères A, Univ. Lyon 1 - C. Bernard Villeurbanne, Univ. Panthéon-Sorbonne Paris A, Univ. Paris Paris A, Univ. Paris Nanterre Nanterre A, Univ. Picardie Amiens A, Univ. Rennes 1 Rennes, Univ. Toulouse 1 Capitole Toulouse A, Univ. Toulouse 3 P. Sabatier Toulouse

■ **réseaux et télécommunications :** Aix-Marseille Univ. Marseille A, Centrale Lille - Formation IG2I Lens, École Centrale de Lille Villeneuve-d'Ascq, ENI Brest Brest, Eurecom Biot, Insa Toulouse Toulouse, Télécom Paris Paris, Toulouse INP Toulouse, Univ. de Bretagne occidentale Brest, Univ. de Lille Villeneuve-d'Ascq, Univ. de Reims Reims A, Univ. polytechnique Hauts-de-France Maubeuge A, Valenciennes A, Univ. Toulouse 3 P. Sabatier Toulouse, USMB Le Bourget-du-Lac A

■ **sciences de données :** École Centrale de Lille Villeneuve-d'Ascq, Univ. de Lille Villeneuve-d'Ascq

■ **sciences et ingénierie des données :** Centrale Lille - Formation IG2I Lens, Insa Rouen Normandie Le Havre, Insa Rouen Normandie Saint-Étienne-du-Rouvray, Univ. de Rouen Saint-Étienne-du-Rouvray

ÉCOLES D'INGÉNIEURS

Liste des écoles d'ingénieurs offrant des spécialisations en informatique. Le statut de l'établissement (public, privé reconnu, privé sous contrat, consulaire) est mentionné. Les écoles proposant l'apprentissage sont signalées par un A.

Recrutement post-bac

■ **3iL**
87015 **Limoges** 05 55 31 67 03 Public
www.3il-ingenieurs.fr

■ **Agrocampus Ouest Rennes**
35042 **Rennes** 02 23 48 50 00 Public
www.agrocampus-ouest.fr

■ **AgroSup Dijon**
21079 **Dijon** 03 80 77 25 25 Public A
www.agrosupdijon.fr

■ **Cesi**
École d'ingénieurs informatique
06560 **Valbonne** 04 72 18 54 70
Pr reconnu ecole-ingenieurs.cesi.fr
13545 **Aix-en-Provence** 04 42 97 14 45
17140 **Lagord** 05 46 45 19 17
31670 **Labège** 05 61 00 38 38
33070 **Bordeaux** 05 56 95 50 50
34130 **Mauguio** 04 99 51 21 30
44603 **Saint-Nazaire** 02 40 00 17 00
45100 **Orléans** 02 38 22 72 82
51100 **Reims** 03 26 86 77 01
54500 **Vandœuvre-lès-Nancy** 03 83 15 18 60
59000 **Lille** 03 20 62 22 35
62000 **Arras** 03 21 51 81 59
67380 **Lingolsheim** 03 88 10 35 60
69130 **Écully** 04 72 18 89 89
76800 **Saint-Étienne-du-Rouvray** 02 32 81 85 60
92000 **Nanterre** 01 55 17 80 00

■ **Cy Tech**
• École internationale des sciences du traitement de l'information
95011 **Cergy** 01 34 25 10 10
Public www.eisti.fr
64075 **Pau** 05 59 05 90 90
Pr reconnu www.eisti.fr

■ **Ecam Epmi**
95000 Cergy 01 30 75 60 40
Pr reconnu **A** www.ecam-epmi.fr
06130 Grasse 06 16 97 46 96 Pr reconu

■ **ECE**
École centrale d'électronique
69007 Lyon 04 78 29 77 54
Pr reconnu **A** www.ece.fr
75015 Paris 01 44 39 06 00

■ **Efrei Paris**
École d'ingénieurs généraliste du numérique
94800 Villejuif 01 88 28 90 00
Pr reconnu **A** www.efrei.fr

■ **Eigsi La Rochelle**
17041 La Rochelle 05 46 45 80 00
Pr reconnu **A** www.eigsi.fr

■ **ENI Brest**
29238 Brest 02 98 05 66 00 Public
www.enib.fr

■ **ENI Tarbes - Toulouse INP**
65016 Tarbes 05 62 44 27 00
Public www.enit.fr

■ **Ensil - Ensci Limoges**
87068 Limoges 05 55 42 36 70 Public
www.ensil-ensci.unilim.fr

■ **Ensim Le Mans**
72085 Le Mans 02 43 83 35 93
Public **A** ensim.univ-lemans.fr

■ **Ensisa Mulhouse**
68093 Mulhouse 03 89 33 69 00
Public **A** www.ensisa.uha.fr

■ **EPF**
92330 Sceaux 01 41 13 01 51
Pr reconnu **A** www.epf.fr
10430 Rosières-près-Troyes
01 41 13 48 96 Pr reconnu

■ **Epita**
• École pour l'informatique et les techniques avancées
94276 Le Kremlin-Bicêtre
01 44 08 01 01 Pr reconnu
www.epita.fr

■ **Eseo**
École supérieure électronique de l'Ouest
49107 Angers 02 41 86 67 67
Pr reconnu **A** www.eseo.fr

■ **Esiea**
École supérieure d'informatique électronique automatique
53000 Laval 02 43 59 24 24
Pr reconnu **A** www.esiea.fr
75005 Paris 01 55 43 23 23

■ **Esiee**
École supérieure d'ingénieurs en électronique et électrotechnique
80082 Amiens 03 22 66 20 00
Pr reconnu **A** www.esiee-amiens.fr
93162 Noisy-le-Grand
01 45 92 65 00 Public www.esiee.fr

■ **Esigelec**
76801 Rouen 02 32 91 58 58
Pr reconnu **A** www.esigelec.fr

■ **Esilv**
92400 Courbevoie 01 41 16 71 72
Pr reconnu **A** www.esilv.fr

■ **Esirem**
École supérieure d'ingénieurs en matériaux et informatique-électronique
21078 Dijon 03 80 39 60 09 Public
esirem.u-bourgogne.fr

■ **Esisar - Grenoble INP**
École nationale supérieure en systèmes avancés et réseaux
26902 Valence 04 75 75 94 00 Public
esisar.grenoble-inp.fr

■ **ESITC**
14610 Épron 02 31 46 23 00
Pr reconnu **A** www.esitc-caen.fr

■ **Esme Sudria**
33000 Bordeaux 01 56 20 62 04
Pr reconnu www.esme.fr
75015 Paris 01 56 20 62 00
Pr reconnu **A**
69002 Lyon 04 84 34 02 90 Pr reconnu

■ **Estia**
64210 Bidart 05 59 43 84 00 Public
www.estia.fr

■ **HEI Yncréa**
59014 Lille 03 28 38 48 58
Pr reconnu **A** www.hei.fr

■ **IMT**
École nationale supérieure Mines-Télécom
59653 Villeneuve-d'Ascq
03 20 33 55 77 Public **A**
www.imt-lille-douai.fr

■ **Insa**
Institut national des sciences appliquées
35708 Rennes 02 23 23 82 00 Public
www.insa-rennes.fr
76801 Saint-Étienne-du-Rouvray
02 32 95 97 00 Public **A**
www.insa-rouen.fr

■ **Isat Nevers**
58027 Nevers 03 86 71 50 00
Public www.isat.fr

■ **Isen Yncréa**
Institut supérieur de l'électronique et du numérique
59046 Lille 03 20 30 40 50
Pr reconnu **A** www.isen-lille.fr
30035 Nîmes 04 83 36 15 80
Pr reconnu www.isen-mediterranee.fr
83000 Toulon 04 94 03 89 59
29228 Brest 02 98 03 84 00
Pr reconnu www.isen-brest.fr
44470 Carquefou 02 40 52 40 35
Pr reconnu isen-nantes.fr

■ **Isep**
École d'ingénieurs du numérique
75006 Paris 01 49 54 52 00
Pr reconnu www.isep.fr
92130 Issy-les-Moulineaux
Pr reconnu **A** www.isep.fr

■ **Istom Angers**
École supérieure d'agro-développement international
49000 Angers 02 53 61 84 60
Pr reconnu www.istom.fr

■ **Isty UVSQ**
Institut des sciences et techniques des Yvelines
78140 Vélizy-Villacoublay
01 39 25 38 50 Public www.isty.uvsq.fr

■ **Iteem**
59651 Villeneuve-d'Ascq
03 20 33 53 91 Public
iteem.centralelille.fr

■ **Polytech**
06410 Biot 04 89 15 40 00 Public **A**
www.polytech.unice.fr
13013 Marseille 04 91 82 85 00 Public
www.polytech-marseille.fr
37200 Tours 02 47 36 14 14 Public
www.polytech.univ-tours.fr
44306 Nantes 02 40 68 32 00 Public
www.polytech.univ-nantes.fr
54519 Vandœuvre-lès-Nancy
03 72 74 69 00 Public **A**
www.polytech-nancy.univ-lorraine.fr
69622 Villeurbanne
04 26 23 71 42 Public
polytech.univ-lyon1.fr

■ **Sup Galilée**
93430 Villetaneuse
01 49 40 36 59 Public **A** galilee.univ-paris13.fr/ingenieurs

■ **Télécom Saint-Étienne**
42023 Saint-Étienne 04 77 91 58 88
Public **A** www.telecom-st-etienne.fr

■ **UniLaSalle**
60026 Beauvais 03 44 06 76 02
Pr Sc **A** www.unilasalle.fr
76134 Mont-Saint-Aignan
02 32 82 91 47 Pr Sc

■ **UTBM**
90010 Belfort 03 84 58 30 00 Public
www.utbm.fr

Recrutement post-bac + 1

■ **Eurecom**
06410 Biot 04 93 00 81 00
Pr Sc www.eurecom.fr

Recrutement post-bac + 2

■ **3iL Ingénieurs (Itii)**
12033 Rodez 05 65 75 56 65
Pr reconnu **A** www.3il-ingenieurs.fr

■ **Agrocampus Ouest**
35042 Rennes 02 23 48 50 00 Public **A**
www.agrocampus-ouest.fr

■ **Agrocampus Ouest - Ifria Bretagne**
35000 Rennes 02 23 48 50 00
Public **A** www.agrocampus-ouest.fr

■ **AgroParisTech**
Institut des sciences et industries du vivant et de l'environnement

CFA: centre de formation d'apprentis
LP: lycée professionnel
LPO: lycée polyvalent
MFR: maison familiale rurale
Pr Hc: privé hors contrat
Pr Sc: privé sous contrat
A: statut apprenti
S: statut scolaire

Écoles d'ingénieurs, recrutement post-bac + 2 (suite)

34033 Montpellier 04 67 04 71 00 Public www.agroparistech.fr
54042 Nancy 03 83 39 68 00
75231 Paris 01 44 08 16 61
75015 Paris 01 45 49 88 00

Centrale Nantes
44321 Nantes 02 40 37 16 00 Public www.ec-nantes.fr

CentraleSupélec
35576 Cesson-Sévigné 02 99 84 45 00 Public www.supelec.fr
57070 Metz 03 87 76 47 47
91192 Gif-sur-Yvette 01 75 31 60 00 Public A

Cesi
École d'ingénieurs informatique
14610 Épron 02 31 46 23 11 Pr reconnu ecole-ingenieurs.cesi.fr
64000 Pau 05 59 81 47 79

Cnam Pays-de-la-Loire
85016 La Roche-sur-Yon 02 51 44 98 28 Public A www.cnam-paysdelaloire.fr

École Centrale de Lille
59651 Villeneuve-d'Ascq 03 20 33 53 53 Public ecole.centralelille.fr

École polytechnique (l'X)
91128 Palaiseau 01 69 33 33 01 Public www.polytechnique.edu

EI Cnam
79000 Niort 05 49 75 77 91 Public A www.cnam-nouvelle-aquitaine.fr

EIL-CO Côte d'Opale
62228 Calais 03 21 17 10 05 Public www.eilco-ulco.fr

Enac
École nationale de l'aviation civile
31055 Toulouse 05 62 17 40 00 Public A www.enac.fr

Ensae
École nationale de la statistique et de l'administration économique
91120 Palaiseau 01 70 26 67 00 Public www.ensae.fr

Ensai
École nationale de la statistique et de l'analyse de l'information
35172 Bruz 02 99 05 32 32 Public www.ensai.fr

ENSC - Bordeaux INP
École nationale supérieure de cognitique
33405 Talence 05 57 00 67 00 Public ensc.bordeaux-inp.fr

Ensea
École nationale supérieure de l'électronique et de ses applications
95014 Cergy 01 30 73 66 66 Public www.ensea.fr

Enseirb - Matmeca - Bordeaux INP
33402 Talence 05 56 84 65 00 Public www.enseirb-matmeca.bordeaux-inp.fr

ENSG
École nationale des sciences géographiques
77455 Champs-sur-Marne 01 64 15 30 01 Public www.ensg.eu

Ensi
14050 Caen 02 31 45 27 50 Public A www.ensicaen.fr

Ensibs Vannes
56000 Vannes 02 97 01 72 73 Public A www.ensibs.fr

Ensiie
École nationale supérieure d'informatique pour l'industrie et l'entreprise
91025 Évry-Courcouronnes 01 69 36 73 50 Public www.ensiie.fr

ENSMM
École nationale supérieure de mécanique et des microtechniques
25030 Besançon 03 81 40 27 00 Public www.ens2m.fr

Ensta
École nationale supérieure de techniques avancées
29806 Brest 02 98 34 88 00 Public www.ensta-bretagne.fr
91120 Palaiseau 01 81 87 17 40 Public A www.ensta-paristech.fr

Esipe MLV
77454 Champs-sur-Marne 01 60 95 76 68 Public A esipe.u-pem.fr

Esir Rennes
35042 Rennes 02 23 23 66 00 Public www.esir.univ-rennes1.fr

Esirem Le Creusot
École supérieure d'ingénieurs en matériaux et informatique – électronique
71200 Le Creusot 03 85 77 00 70 Public A esirem.u-bourgogne.fr

ESTP Paris
École spéciale des travaux publics du bâtiment et de l'industrie
94230 Cachan 01 49 08 56 50 Pr reconnu www.estp.fr

Génie industriel - Grenoble INP
École nationale supérieure de Génie industriel
38031 Grenoble 04 76 57 45 00 Public genie-industriel.grenoble-inp.fr

Grenoble INP - Ensimag
École nationale supérieure d'informatique et de mathématiques appliquées
38402 Saint-Martin-d'Hères 04 76 82 72 00 Public ensimag.grenoble-inp.fr

HEI Campus Centre - Châteauroux
36000 Châteauroux 02 54 53 52 90 Pr reconnu A www.hei.fr/campuscentre

IIA-Isima Clermont Auvergne
63178 Aubière 04 73 40 50 00 Public www.isima.fr

IMT Atlantique Bretagne-Pays de la Loire
29238 Brest 02 29 00 11 11 Public A www.imt-atlantique.fr
44307 Nantes 02 51 85 81 00

IMT Mines
30319 Alès 04 66 78 50 00 Public A www.mines-ales.fr
13541 Gardanne 04 42 61 66 25 Public www.mines-stetienne.fr
42023 Saint-Étienne 04 77 42 01 23

Isar - Supaero
Institut supérieur de l'aéronautique et de l'espace
31055 Toulouse 05 61 33 80 60 Public A www.isae-supaero.fr

Isen Yncréa Ouest
Institut supérieur de l'électronique et du numérique
29228 Brest 02 98 03 84 00 Pr reconnu A www.isen-brest.fr

Itii
13800 Istres 04 42 11 44 00 Pr reconnu A www.formation-industries-paca.com
44803 Saint-Herblain 02 28 03 69 06 Pr reconnu A www.itii-pdl.com
45380 La Chapelle-Saint-Mesmin 02 38 22 00 88 Pr Sc A www.itii-centre.fr

Mines Nancy
54042 Nancy 03 72 74 48 00 Public www.mines-nancy.univ-lorraine.fr

Mines Paris
75272 Paris 01 40 51 90 00 Public www.mines-paristech.fr

Paoli Tech Corte
20250 Corte 04 95 45 02 48 Public paolitech.univ-corse.fr

Phelma - Grenoble INP
École nationale supérieure de physique, électronique, matériaux
38016 Grenoble 04 56 52 91 00 Public phelma.grenoble-inp.fr

SeaTech Toulon
83041 Toulon 04 94 14 26 40 Public A www.seatech.fr

SupOptique
42000 Saint-Étienne Pr reconnu www.institutoptique.fr
91127 Palaiseau 01 64 53 31 00 Pr reconnu A

Télécom Nancy - Lorraine INP
54602 Villers-lès-Nancy 03 72 74 59 00 Public www.telecomnancy.eu

Télécom Paris
75634 Paris 0 815 855 866 Public A www.telecom-paristech.fr

Télécom Physique
67412 Illkirch-Graffenstaden 03 68 85 45 10 Public www.telecom-physique.fr

Télécom SudParis
91011 Évry-Courcouronnes 01 60 76 40 40 Public A www.telecom-sudparis.eu

Upssitech École d'ingénieurs Toulouse 3
31062 Toulouse 05 61 55 75 46 Public upssitech.eu

ÉCOLES SPÉCIALISÉES

Liste des écoles offrant des spécialisations en numérique. Le statut de l'établissement (public, privé reconnu, privé sous contrat, consulaire) est mentionné. Les formations en apprentissage sont signalées par un **A**.

Aden Formations
14052 **Caen** 02 31 44 32 11 Public
www.aden-formations.fr
• Manager en ingénierie informatique. Durée: 2 ans. Coût: 12 000 €. Admission: bac.

Afip Formations
69100 **Villeurbanne** 04 78 37 81 81
Pr Hc www.afip-formations.com
• TP administrateur d'infrastructures sécurisées. Durée: 1 an. Coût: 6 800 €. Admission: bac+2 scientifique ou technologique.
• TP concepteur-développeur d'applications. Durée: 1 an. Coût: 6 800 €. **A**
• TP designer Web. Durée: 1 an. Coût: 6 800 €. Admission: niveau bac.
• TP développeur logiciel. Durée: 1 an. **A**
• TP développeur Web et Web mobile. Durée: 1 an. Coût: 6 800 €.
• TP technicien supérieur systèmes et réseaux. Durée: 2 ans. Coût: 6 800 €.

Aforem
35135 **Chantepie** 02 99 35 46 00
Pr Hc www.aforem.fr
• Manager du marketing digital. Durée: 2 ans. Coût: 12 600 €.

Alkas Formation
34000 **Montpellier** 04 67 02 20 82
Pr Hc www.alkas.fr
• TP concepteur-développeur d'applications. Durée: 1 an. Coût: 7 280 €. **A**
• TP développeur Web et Web mobile. Durée: 1 an. Coût: 7 700 €. Admission: bac.

Autograf
75020 **Paris** 01 43 70 00 22 Pr Hc
www.autograf.fr
• Directeur artistique en design graphique option création numérique et interactive. Durée: 2 ans. Coût: 14 450 €. Admission: bac+3 en arts appliqués.

Bordeaux Ynov campus
33300 **Bordeaux** 05 56 90 00 10 Pr Hc
www.ynov-bordeaux.com
• Chef de projet multimédia. Durée: 5 ans. Coût: 40 700 €. Admission: bac. **A**

BSB
21006 **Dijon** 03 80 72 59 00 Consulaire
www.bsb-education.com
• Master of Science *data science and organizational behavior*. Durée: 1 an. Coût: 14 000 €. Admission: bac+4.

Campus du Lac
33049 **Bordeaux** 05 56 79 52 00 Public
www.campusdulac.com
• Chef de projet Web et stratégie digitale. Durée: 9 mois. Coût: 7 000 €. Admission: bac+2.

CCI Campus Centre
36000 **Châteauroux** 02 54 53 52 00
Public www.campus-centre.fr
• Manager en systèmes d'information. Durée: 3 ans. Admission: bac+2. **A**

CCI Colmar
68001 **Colmar** 03 89 20 22 00 Public
www.ccicampus.fr
• Analyste développeur d'applications informatiques. Durée: 2 ans. Admission: bac. **A**
• Développeur de solutions mobiles et connectées. Durée: 1 an. Admission: bac+2. **A**
• Développeur-intégrateur de solutions intranet-Internet. Durée: 2 ans. Admission: bac. **A**

CCI Sud Formation CFA Occitanie
34535 **Béziers** 04 67 80 97 09 Public
www.sudformation.cci.fr
• Chargé d'exploitation en réseaux et télécoms. Durée: 2 ans. **A**
• Technicien réseaux et service très haut débit. Durée: 1 an. **A**
11000 **Carcassonne**
04 68 71 38 76 Public
www.sudformation.cci.fr
• Chef de projet Web et stratégie digitale. Durée: 1 an. Admission: bac+2. **A**

Cepreco
59053 **Roubaix** 03 20 24 23 23 Public
www.cepreco.fr
• Chef de projet Web et stratégie digitale. Durée: 1 an. Coût: 6 000 €. Admission: bac+2. **A**

Cesi Alternance
14610 **Épron** 02 31 46 23 11 CFA privé
www.cesi-alternance.fr
• Responsable en ingénierie des logiciels. Durée: 2 ans. Admission: bac+2. **A**
29200 **Brest** 02 29 00 60 89 Pr Hc
• Gestionnaire en maintenance et support informatique. Durée: 2 ans. **A**
• Manager en systèmes d'information. Durée: 2 ans **A**
• Responsable en ingénierie des logiciels. Durée: 1 an. **A**
44307 **Nantes** 02 28 01 15 55 CFA privé
• Développeur Web. Durée: 2 ans. Admission: bac. **A**
45100 **Orléans** 02 38 22 72 82 Pr Hc
• Manager en systèmes d'information. Durée: 1 an. Admission: bac+4. **A**
62000 **Arras** 03 21 51 81 65 CFA privé
• Développeur Web. Durée: 2 ans. Admission: bac. **A**
• Gestionnaire en maintenance et support informatique. Durée: 2 ans. **A**
• Manager en systèmes d'information. Durée: 2 ans. Admission: bac+3. **A**
• Responsable en ingénierie des logiciels. Durée: 1 an. Admission: bac+2. **A**
72000 **Le Mans** 02 28 01 40 12
Pr reconnu
• Responsable en ingénierie des logiciels. Durée: 2 ans. Admission: bac+2. **A**
92006 **Nanterre** 01 55 17 80 90
CFA privé www.cesfa-informatique.fr
• Gestionnaire en maintenance et support informatique. Durée: 2 ans. Admission: bac. **A**
• Manager en systèmes d'information. Durée: 3 ans. Admission: bac+2. **A**

CFA Afti
91400 **Orsay** 01 69 33 05 50 CFA privé
www.cfa-afti.com
• Administrateur système, réseau et sécurité. Durée: 15 mois. Admission: bac+2. **A**

CFA Campus IGS
31700 **Blagnac** 05 31 08 70 84 CFA privé www.campus-igs-alternance.com
• TP concepteur-développeur d'applications. Durée: 1 an. Admission: bac+2. **A**

CFA Centre Alsace M Rudloff
68000 **Colmar** 03 89 21 57 40 Public
www.cfa-colmar.fr
• Technicien réseaux et service très haut débit. Durée: 1 an. **A**

CFA Cesfa
54506 **Vandœuvre-lès-Nancy**
03 83 28 46 46 CFA privé
www.cesi-alternance.fr/centre/nancy
• Gestionnaire en maintenance et support informatique. Durée: 2 ans. **A**
• Technicien systèmes et réseaux. Durée: 2 ans. **A**

CFA de l'Adefa Actif CNT
59301 **Valenciennes** 03 27 51 91 91
CFA privé www.adefa.fr
• Gestionnaire en maintenance et support informatique. Durée: 2 ans. Admission: bac. **A**

CFA: centre de formation d'apprentis
LP: lycée professionnel
LPO: lycée polyvalent
MFR: maison familiale rurale
Pr Hc: privé hors contrat
Pr Sc: privé sous contrat
A: statut apprenti
S: statut scolaire

CFA de l'Adefa UFA Amigraf
59000 **Lille** 03 20 57 09 82 CFA privé
www.amigraf.com
• Chef de projet digital. Durée : 2 ans. Admission : bac + 2. **A**
• TP designer Web. Durée : 1 an. Admission : bac. **A**

CFA de l'Afpa
33130 **Bègles** 39 36 CFA public
www.aquitaine.afpa.fr
• TP technicien supérieur systèmes et réseaux. Durée : 2 ans. Admission : bac. **A**

CFA de l'industrie de Bretagne
35174 **Bruz** 02 99 52 54 54 CFA privé
www.formation-industries-bretagne.fr
• Administrateur système, réseau et sécurité. Durée : 15 mois. Admission : bac + 2. **A**

CFA de la CCI du Morbihan
56323 **Lorient** 02 97 64 04 54 Public
formation.morbihan.cci.fr
• Manager de systèmes d'information et d'infrastructure. Durée : 2 ans. Admission : bac + 3. **A**

CFA de la CCI Formation
57072 **Metz** 03 87 39 46 00 Public
www.cciformation.org
• Analyste développeur d'applications informatiques. Durée : 2 ans. Admission : bac. **A**
• Développeur de solutions mobiles et connectées. Durée : 1 an. Admission : bac + 2. **A**

CFA des métiers de la communication et de la création numérique
93170 **Bagnolet** 01 55 82 41 51 CFA privé
www.campusfonderiedelimage.org
• Designer en communication graphique éco-responsable. Durée : 1 an. **A**
• Manager et entrepreneuriat de projets numériques. Durée : 2 ans. **A**

CFA École de commerce et de management Corsica
20290 **Borgo** 04 95 30 94 71 Public www.formation-ccihc.fr
• Chef de projet Web et stratégie digitale. Durée : 9 mois. Admission : bac + 2. **A**

CFA Faculté des métiers de l'Essonne
91300 **Massy** 01 69 19 46 00 Public www.facmetiers91.fr
• Administrateur systèmes et réseaux. Durée : 1 an. **A**
• Chef de projet Web et stratégie digitale. Durée : 1 an. **A**
• Développeur de solutions mobiles et connectées. Durée : 1 an. **A**

CFA Gobelins - L'École de l'image
75020 **Paris** 01 40 31 41 48 Public
www.gobelins.fr
• Bachelor designer et développeur interactif option développement. Durée : 1 an. **A**

CFA Insta
75002 **Paris** 01 43 41 72 50 CFA privé
www.cfa-insta.fr
• Analyste en génie informatique et réseaux. Durée : 1 an. Admission : bac + 2. **A**
• Architecte technique en informatique et réseaux. Durée : 3 ans. Admission : bac + 2. **A**

CFA Interfor
80017 **Amiens** 03 22 82 00 00 Public
www.interfor-formations.fr
• Chef de projet Web et stratégie digitale. Durée : 1 an. **A**

CFA interprofessionnel de la Marne
51016 **Châlons-en-Champagne** 03 26 69 25 85 CFA privé
www.almea-formations-51.fr
• Technicien réseaux et service très haut débit. Durée : 1 an. **A**

CFA IPI poly-informatique
75010 **Paris** 01 80 97 35 00 CFA privé
www.ipi-ecoles.com
• Administrateur systèmes et réseaux. Durée : 1 an. Admission : bac + 2. **A**
• Maintenicien en micro-informatique et réseaux. Durée : 1 an. Admission : niveau bac. **A**
• Technicien systèmes, réseaux et sécurité. Durée : 2 ans. Admission : niveau bac. **A**

CFA Itescia
95800 **Cergy** 01 34 20 63 63 Consulaire www.itescia.fr
• Manager en ingénierie informatique. Durée : 3 ans. Admission : bac + 2. **A**

CFA L'EA Itedec
78410 **Aubergenville** 01 30 90 54 00 Public
www.ecole-lea.fr
• Technicien réseaux et service très haut débit. Durée : 1 an. **A**

CFA Sup de Vinci
92916 **Courbevoie** 01 41 16 72 80 CFA privé www.supdevinci.fr
• Administrateur systèmes et réseaux. Durée : 1 an. Admission : bac + 2. **A**
• Expert en systèmes d'information. Durée : 1 an. Admission : bac + 3. **A**

CFA Utec
77130 **Montereau-Fault-Yonne** 01 60 37 52 31 Public
www.utec77.fr
• Technicien réseaux et service très haut débit. Durée : 1 an. Admission : bac. **A**
77420 **Champs-sur-Marne** 01 60 37 52 25 Public
• Manager en ingénierie informatique. Durée : 3 ans. Admission : bac + 2. **A**

CFAI 84
84120 **Pertuis** 04 90 77 05 94 CFA privé
www.formation-technologique.fr
• Manager en ingénierie informatique. Durée : 3 ans. Admission : bac + 2. **A**

CFAI Loire
42950 **Saint-Étienne** 04 77 92 89 89 CFA privé www.pole-formation-lda.fr
• Expert en systèmes d'information. Durée : 2 ans.

CFI
78067 **Montigny-le-Bretonneux** 01 30 48 80 00 Public
www.cfi-formations.fr
• Manager de systèmes informatique et robotique. Durée : 2 ans. Admission : bac + 2. **A**

Cnam
44311 **Nantes** 02 40 16 10 95 Public
www.cnam-paysdelaloire.fr
38100 **Grenoble** 04 78 58 19 18 Public
www.cnam-auvergnerhonealpes.fr
• Technicien développeur. Durée : 18 mois. **A**
90010 **Belfort** 03 84 58 33 10 Public
www.cnam-franche-comte.fr
• Concepteur en architecture informatique. Durée : 2 ans. Admission : bac + 2. **A**
• Intégrateur Web. Durée : 1 an. Admission : bac.
98846 **Nouméa** 00 687 28 37 07/28 30 Public www.acestecnam.nc
• Analyste programmeur. Durée : 2 ans. Admission : bac.
• Concepteur en architecture informatique. Durée : 2 ans. Admission : bac + 2.

Com'Art
75001 **Paris** 01 83 96 86 86 Pr Hc
www.comart-design.com
• Référencement et community management. Durée : 5 ans. Coût : 5 000 €.

Cresfa Formation - Sciences U Lyon
69003 **Lyon** 04 26 29 01 01 Pr reconnu www.sciences-u-lyon.fr
• Concepteur réalisateur Web et digital. Durée : 1 an. Coût : 4 650 €. Admission : bac + 2.

CS2I Nevers
58000 **Nevers** 03 86 60 55 69 Public
www.cs2i-bourgogne.com
• Manager de systèmes d'information et d'infrastructure. Durée : 2 ans. Coût : 9 000 €. Admission : bac + 3. **A**

Diginamic
34000 **Montpellier** 04 34 48 00 25 Pr Hc www.diginamic.fr
• TP développeur Web et Web mobile. Durée : 1 an. **A**

Digisup
58000 **Nevers** 03 86 60 55 58 Consulaire www.digisup.com
• Chef de projet Web et stratégie digitale. Durée : 1 an. Coût : 4 200 €. **A**
• Manager et entrepreneuriat de projets numériques. Durée : 2 ans. Coût : 9 000 €.

Digital Business School
30000 Nîmes 04 66 36 77 23
Pr Hc www.dbs.school
• Administrateur des systèmes d'information. Durée : 3 ans. Coût : 14 480 €. A

Digital Campus
31670 Labège 05 61 39 77 21
Pr Hc www.digital-campus.fr
34000 Montpellier 04 67 91 31 24
Pr Hc
35000 Rennes 02 30 96 35 46 Pr Hc
• Expert en stratégie digitale. Durée : 2 ans. Coût : 14 300 €. A
33070 Bordeaux 05 56 12 81 95 Pr Hc
• Chef de projet multimédia. Durée : 3 ans. Coût : 21 750 €. Admission : bac.
• Expert en stratégie digitale. Durée : 2 ans. Coût : 15 400 €. Admission : bac + 2.

Doranco
75020 Paris 01 55 25 28 00 Pr Hc
www.doranco.fr
• Administrateur systèmes et réseaux. Durée : 9 mois. Coût : 7 900 €. Admission : bac + 2.
• Chef de projet Web. Durée : 10 mois. Coût : 8 000 €. Admission : bac + 2.
• Développeur d'applications multimédia. Durée : 6 mois. Coût : 6 300 €. Admission : bac.

E-Artsup
31000 Toulouse 01 84 07 13 31 Pr Hc
75011 Paris 01 44 08 00 62 Pr Hc
• Bachelor *game & creative coding*. Durée : 3 ans. Coût : 17 820 €. Admission : bac.
• Directeur artistique en création et design digital. Durée : 5 ans. Coût : 45 000 €. Admission : bac.
33000 Bordeaux 05 57 87 33 61 Pr Hc
34000 Montpellier 01 84 07 13 20 Pr Hc
44100 Nantes 01 44 08 00 05 Pr Hc
59800 Lille 03 20 15 84 40 Pr Hc
69007 Lyon 01 44 08 01 19 Pr Hc
www.e-artsup.net
• Directeur artistique en création et design digital. Durée : 5 ans. Coût : 42 750 €. Admission : bac.

ECE Tech
75015 Paris 01 84 14 03 04 Pr Hc
www.ecetech.fr
• Bachelor cybersécurité. Durée : 3 ans. Coût : 19 700 €. Admission : bac A
• Bachelor développement Web et mobile. Durée : 3 ans. Coût : 19 700 €. Admission : bac A
• Bachelor réseaux et *cloud computing*. Durée : 3 ans. Admission : bac.

École Brassart
31200 Toulouse 05 61 62 00 00
Pr Hc www.brassart.fr
• Concepteur-développeur Web. Durée : 1 an. Coût : 6 825 €.
• TP designer Web. Durée : 1 an. Coût : 8 625 €.
38240 Meylan
04 76 41 00 00 Pr Hc
74000 Annecy
04 50 23 00 00 Pr Hc
• TP designer Web. Durée : 1 an. Coût : 8 050 €. Admission : bac + 1.
69007 Lyon 04 72 33 00 00 Pr Hc
• Concepteur-développeur Web. Durée : 1 an. Coût : 8 550 €. Admission : bac + 2.

École de Condé
13002 Marseille
04 96 19 09 10 Pr Hc
ecoles-conde.com
54000 Nancy 03 83 98 29 44 Pr Hc
69007 Lyon 04 78 42 92 39 Pr Hc
• Concepteur de projets en design et arts graphiques option design numérique. Durée : 3 ans. Coût : 20 000 €.

École européenne des métiers de l'Internet
75002 Paris 01 45 56 15 61
Pr Hc www.eemi.com
• Chef de projets digitaux. Durée : 3 ans. Admission : bac.

École Ipssi
75012 Paris 01 55 43 26 65
Pr Hc www.ecole-ipssi.com
• Administrateur du système d'information. Durée : 2 ans. Admission : bac + 2.
• Expert en informatique et systèmes d'information. Durée : 2 ans. Admission : bac + 3.

École Partner Sup' (Isitech)
69007 Lyon 04 27 18 14 40 Pr Hc
www.ecole-isitech.com
• Responsable de projets informatiques. Durée : 3 ans. Coût : 14 450 €. Admission : bac.

École Pigier
54000 Nancy 03 83 35 97 97
Pr Hc www.pigier.com
57000 Metz 03 87 75 17 36 Pr Hc
• Responsable de communication et webmarketing. Durée : 1 an. Coût : 5 000 €.

École Santé et Juridique
92200 Neuilly-sur-Seine
01 55 62 21 21 Pr Hc
www.ecole-sante.fr
• Bachelor informatique. Durée : 1 an. Coût : 4 500 €.

École supérieure d'informatique de la Méditerranée
13013 Marseille 04 91 95 50 00
Pr Hc www.esimed.fr
• Chef de projet en système d'information. Durée : 2 ans. Admission : bac + 2. A

École supérieure de commerce et d'économie numérique
33300 Bordeaux 05 57 99 37 27
Pr Hc www.escen.fr
• Bachelor webmarketing. Durée : 3 ans. Coût : 20 400 €. Admission : bac.

École supérieure de formation au design
37000 Tours 08 05 950 570
Pr Hc ecole.le-cercle-digital.fr
• Bachelor communication design éditorial. Durée : 3 ans. Coût : 6 600 €. Admission : bac.

École supérieure de publicité et marketing
75116 Paris 01 47 27 77 49
Pr Hc www.espub.org
• E-business et multimédia. Durée : 1 an.

École supérieure des métiers artistiques
31320 Auzeville-Tolosane
05 34 42 20 02 Pr Hc
www.esma-toulouse.com
• Design & stratégie digitale. Durée : 18 mois. Coût : 6 480 €.

École supérieure du numérique appliqué
35174 Bruz 02 99 52 54 54
Pr reconnu www.esna.bzh
• Concepteur en architecture informatique. Durée : 2 ans. A

École Web School Factory
75013 Paris 01 40 09 04 10
Pr Hc www.webschoolfactory.fr
• Cursus de préparation aux métiers du Web et au management numérique. Durée : 5 ans. Coût : 34 800 €. Admission : bac.

ECS
75016 Paris
01 46 47 29 90 Pr Hc
www.ecs-paris.com
• Communication digitale. Durée : 1 an. Admission : bac + 4.

ECV
13100 Aix-en-Provence
04 42 93 41 13 Pr Hc www.ecv.fr
• Bachelor chef de projet digital. Durée : 3 ans. Coût : 20 400 €. Admission : bac.
75005 Paris 01 85 08 26 86
Pr Hc www.ecvdigital.fr
• Bachelor chef de projet digital. Durée : 3 ans. Coût : 20 700 €. Admission : bac.
• Cycle supérieur Digital. Durée : 3 ans. Coût : 21 900 €. Admission : bac + 2.

EDC
92415 Courbevoie 01 46 93 02 70
Pr reconnu www.edcparis.edu

CFA : centre de formation d'apprentis
LP : lycée professionnel
LPO : lycée polyvalent
MFR : maison familiale rurale
Pr Hc : privé hors contrat
Pr Sc : privé sous contrat
A : statut apprenti
S : statut scolaire

• MBA digital marketing. Durée: 2 ans. Coût: 10400 €. Admission: bac + 3.

Eden School Lyon
69100 **Villeurbanne** Pr reconnu
www.edenschool.fr
• TP développeur Web et Web mobile. Durée: 2 ans. Coût: 1600 €.

Efap
75008 **Paris**
01 53 76 88 00 Pr Hc www.efap.com
• MBA spécialisé digital marketing et business. Durée: 12 mois. Coût: 11180 €. Admission: bac + 4.

Efficom
92120 **Montrouge**
01 41 17 12 12 Pr Hc www.efficom.fr
• Concepteur-réalisateur Web et digital. Durée: 1 an. Coût: 4900 €. Admission: bac + 2.
59000 **Lille** 03 20 15 16 77
Pr Hc www.efficom-lille.fr
• Concepteur-réalisateur Web et digital. Durée: 1 an. Coût: 5600 €. Admission: bac + 2.
• Manager de projets Web et digital. Durée: 2 ans. Coût: 11600 €. Admission: bac + 3.

EGC Martinique
97233 **Schœlcher** 0596 64 98 41
Pr reconnu www.egc-martinique.com
• Chef de projet Web et stratégie digitale. Durée: 1 an. Coût: 7500 €. Admission: bac + 2.

EMLV
92916 **Courbevoie** 01 41 16 73 00
Pr reconnu www.emlv.fr
• Master of Science *in digital business and analytics*. Durée: 1 an.
• MBA *marketing digital strategy*. Durée: 1 an. Coût: 11700 €. Admission: bac + 4 avec 3 ans d'expérience professionnelle.

EM Normandie
14052 **Caen**
02 31 46 78 78 Pr reconnu
www.ecole-management-normandie.com
• Manager des systèmes d'information et du numérique. Durée: 1 an. Coût: 12500 €. Admission: bac + 4.

ENI École
44801 **Saint-Herblain**
02 28 03 17 28 Pr Hc www.eni-ecole.fr
• TP technicien supérieur de support en informatique. Durée: 2 ans. Admission: bac. A

Ensup
78280 **Guyancourt** 01 61 38 05 75
Pr Hc www.ensup.eu
• Concepteur-développeur environnement objet. Durée: 2 ans. Coût: 11980 €. Admission: bac + 3. A
• TP concepteur-développeur d'applications. Durée: 1 an. Coût: 4990 €. Admission: dossier, tests et entretien avec bac + 2.

Epitech
06300 **Nice** 01 44 08 00 26
Pr Hc www.epitech.eu
44100 **Nantes** 01 44 08 00 11
• Architecte logiciel. Durée: 3 ans. Coût: 9740 €. Admission: bac + 2.
• Architecte système réseau et sécurité. Durée: 3 ans. Coût: 9740 €. Admission: bac + 2.
31000 **Toulouse** 01 44 08 00 15
35000 **Rennes** 01 80 51 71 10
• Architecte logiciel. Durée: 3 ans. Coût: 29220 €. Admission: bac + 2.
• Architecte système réseau et sécurité. Durée: 3 ans. Coût: 29220 €. Admission: bac + 2.
• Expert en management des systèmes d'information. Durée: 3 ans. Coût: 29220 €. Admission: bac + 2.
• Responsable de projet Web et mobile. Durée: 1 an. Coût: 9740 €.
34000 **Montpellier** 01 44 08 00 75
• Architecte logiciel. Durée: 3 ans. Coût: 29220 €. Admission: bac + 2.
• Architecte système réseau et sécurité. Durée: 3 ans. Coût: 29220 €. Admission: bac + 2.
• Responsable de projet Web et mobile. Durée: 1 an. Coût: 9740 €.

Epsi
École privée des sciences informatiques
38610 **Gières** 04 58 00 38 90
Pr Hc www.epsi.fr
• Administrateur systèmes, réseaux et bases de données. Durée: 1 an. Coût: 8290 €. A
• Expert en informatique et systèmes d'information. Durée: 2 ans. Coût: 17690 €. A
• TP concepteur-développeur d'applications. Durée: 1 an. Admission: bac + 2. A
59000 **Lille** 03 20 34 35 36 Pr Hc
62000 **Arras** 03 21 71 33 34 Pr Hc
• Administrateur systèmes, réseaux et bases de données. Durée: 3 ans. Coût: 22970 €. Admission: bac.
• Expert en informatique et systèmes d'information. Durée: 2 ans. Coût: 18790 €. Admission: bac + 3 en informatique. A
• TP concepteur-développeur d'applications. Durée: 2 ans. Coût: 22970 €. Admission: bac.
34090 **Montpellier**
04 67 04 20 01 Pr Hc
44200 **Nantes** 02 40 76 60 87 Pr Hc
• Administrateur systèmes, réseaux et bases de données. Durée: 1 an. Coût: 8790 €. Admission: bac + 2.
• Expert en informatique et systèmes d'information. Durée: 2 ans. Coût: 18690 €. Admission: bac + 3.
33300 **Bordeaux** 05 56 43 13 13 Pr Hc
92300 **Levallois-Perret**
01 55 90 06 30 Pr Hc
• Expert en informatique et systèmes d'information. Durée: 5 ans. Coût: 41660 €. Admission: bac.

Epsi
29200 **Brest** 02 98 49 22 99 Pr Hc
www.brest-opencampus.com/epsi
• Administrateur systèmes, réseaux et bases de données. Durée: 5 ans. Coût: 39360 €. Admission: bac.

Esaip Reims
51100 **Reims** 03 26 85 89 70 Pr reconnu
• Bachelor numérique Esaip option cybersécurité. Durée: 3 ans. Coût: 4600 €.
• Bachelor numérique Esaip option développement Web et mobile. Durée: 3 ans. Coût: 13800 €.

Esdac
École supérieure de design, d'arts appliqués et de communication
13090 **Aix-en-Provence** 04 42 91 66 90
Pr Hc www.ecole-esdac.com
13800 **Istres** 06 99 61 51 81
13294 **Marseille** 04 91 81 97 34
34000 **Montpellier** 04 67 85 34 60
• Designer de communication graphique et digitale. Durée: 2 ans. Coût: 11700 €. Admission: bac + 3.

ESG
13090 **Aix-en-Provence** 04 42 29 52 97
Pr Hc www.esg.fr
31670 **Labège** 05 61 39 14 71
33070 **Bordeaux** 05 56 12 81 95
34965 **Montpellier** 04 67 91 31 51
35000 **Rennes** 02 99 05 94 31
• Responsable marketing et commercial. Durée: 3 ans. Coût: 20250 €. Admission: bac.

ESGI
École supérieure de génie informatique
38000 **Grenoble**
04 76 46 00 47 Pr Hc www.esgi.fr
• Bachelor informatique. Durée: 3 ans. Coût: 20240 €. A
75012 **Paris** 01 56 06 90 41 Pr reconnu
• Chef de projet logiciel et réseau. Durée: 3 ans. Coût: 20330 €. A
• Expert en ingénierie de l'informatique et des systèmes d'information. Durée: 2 ans. Coût: 14950 €. A
75011 **Paris**
01 55 25 46 27 Pr reconnu
www.esgci.com
• Responsable marketing et commercial (programme bachelor). Durée: 3 ans. Coût: 22350 €. Admission: bac.

ESG Sport
75016 **Paris** 01 83 62 24 70
Pr reconnu www.esg-sport.com
• Responsable marketing et commercial. Durée: 3 ans. Coût: 21950 €. Admission: bac.

Esic
École supérieure de l'informatique et de la communication

75014 **Paris** 01 53 90 15 20
Pr Hc www.esic.fr
• Administrateur - réseaux sécurité - bases de données. Durée: 2 ans. Coût: 5 700 €. Admission: niveau bac.
• TP concepteur-développeur d'applications. Durée: 2 ans. Coût: 6 500 €. Admission: bac + 2.

Esid
06000 **Nice** 04 22 13 19 00
Pr Hc esid.education
83700 **Saint-Raphaël** 04 94 19 27 23
• TP designer Web. Durée: 1 an. Coût: 5 967 €.

Esma
34086 **Montpellier**
04 67 63 01 80 **Pr Hc**
www.esma-artistique.com
• Design & stratégie digitale. Durée: 18 mois. Coût: 6 480 €. Admission: bac + 2/+ 3.

Esqese Lyon
69002 **Lyon** 04 72 32 67 38
Pr reconnu www.esqese.fr
• Responsable de projets informatiques. Durée: 3 ans. Coût: 14 500 €. Admission: bac.

ESRN
École supérieure régionale du numérique
97440 **Saint-André** 02 62 94 22 22
Consulaire www.esrn.re
• Chargé d'exploitation en réseaux et télécoms. Durée: 2 ans. **A**
• Chef de projet Web et stratégie digitale. Durée: 1 an. **A**
• Développeur-intégrateur de solutions intranet-Internet. Durée: 2 ans. Admission: bac. **A**
• Manager de systèmes d'information et d'infrastructure. Durée: 2 ans. Admission: bac + 3. **A**
• Manager et entrepreneuriat de projets numériques. Durée: 2 ans. Admission: bac + 3. **A**

Essec
95021 **Cergy** 01 34 43 30 00
Pr reconnu www.essec.edu
• Master of Science *in data science and business analytics*. Durée: 1 an. Coût: 23 000 €.

Estacom
18022 **Bourges** 02 48 67 55 51
Public www.estacom.fr
• Responsable de projets en marketing. Durée: 3 ans. Coût: 4 600 €. **A**

EST'M
25000 **Besançon** 03 81 40 30 40
Pr Hc www.estm.eu
• Bachelor communication et création numérique. Durée: 3 ans.
• Responsable communication digitale. Durée: 2 ans. Coût: 5 100 €.

Esupcom
13090 **Aix-en-Provence**
04 42 95 18 65 **Pr Hc**
www.esupcom.com
• Communication digitale. Durée: 2 ans. Coût: 10 304 €. Admission: bac + 3.
59000 **Lille** 03 20 40 00 12
• Concepteur-réalisateur Web et digital. Durée: 3 ans. Coût: 19 300 €. Admission: bac.
92120 **Montrouge** 01 41 17 12 12
• E-communication. Durée: 2 ans. Admission: bac + 3.

ETS
75017 **Paris** 01 44 29 23 60
Pr Hc www.ecole-europeenne.com
• E-communication. Durée: 2 ans. Coût: 13 810 €. Admission: bac + 3.

Faculté des métiers de la CCI d'Ille-et-Vilaine
35170 **Bruz** 02 99 05 45 45 **Public**
www.fac-metiers.fr
• Chef de projet Web et stratégie digitale. Durée: 10 mois. Coût: 4 900 €. Admission: bac + 2.

FIM CCI Formation Normandie Saint-Lô
50009 **Saint-Lô** 02 33 77 86 77
Public www.fim.fr
• Chef de projet Web et stratégie digitale. Durée: 1 an. Coût: 3 300 €. Admission: bac + 2. **A**
• Manager entrepreneurial de projet numérique et stratégie digitale. Durée: 2 ans. Coût: 9 950 €. Admission: bac + 3. **A**

Formasup'82
82000 **Montauban** 05 63 20 10 00
Pr Hc www.formasup.com
• TP designer Web. Durée: 2 ans. Coût: 7 800 €.

Formasup Campus
33300 **Bordeaux** 05 56 34 01 73
Pr Hc www.formasup-campus.com
• Chef de projet en communication. Durée: 1 an. Coût: 5 453 €. Admission: bac + 2. **A**

Formation Gestion Sud
13090 **Aix-en-Provence**
04 42 64 60 70 **Pr Hc**
www.campusmed.fr
• Communication digitale. Durée: 3 ans. Coût: 16 300 €. Admission: bac.
• Développeur multimédia. Durée: 3 ans. Coût: 16 300 €. Admission: bac.

GEM
Grenoble École de management
38000 **Grenoble** 04 76 70 60 60
Pr reconnu www.grenoble-em.com
• Manager des systèmes d'information et du numérique. Durée: 2 ans. Coût: 23 800 €. Admission: bac + 3.

Gobelins - L'École de l'image
75020 **Paris** 01 40 31 41 48 **Consulaire**
www.gobelins.fr
• Designer interactif. Durée: 3 ans. Coût: 8 500 €. **A**
• Développeur interactif. Durée: 3 ans. Coût: 8 500 €. Admission: bac. **A**

Groupe École pratique
13006 **Marseille** 04 91 14 26 80
Pr reconnu www.ecolepratique.com
• TP administrateur d'infrastructures sécurisées. Durée: 1 an. Coût: 2 900 €. **A**
• TP concepteur-développeur d'applications. Durée: 1 an. Coût: 2 900 €. **A**
• TP développeur Web et Web mobile. Durée: 1 an. Coût: 2 900 €. **A**

Groupe Global Institution
75013 **Paris** 01 83 64 76 40
Pr Hc www.gginstitution.com
• Bachelor marketing digital. Durée: 3 ans. Coût: 22 700 €. Admission: bac.

Groupe Sciences U Lyon - Crespa
69003 **Lyon** 04 26 29 01 01 **Pr reconnu**
www.sciences-u-lyon.fr
• Concepteur-réalisateur Web et digital. Durée: 1 an. Coût: 6 100 €. Admission: bac + 2.
• Expert en ingénierie informatique. Durée: 18 mois. Coût: 12 900 €. Admission: bac + 3.
• Manager de projets Web et digital. Durée: 2 ans. Coût: 12 900 €. Admission: bac + 3.

HEC
78351 **Jouy-en-Josas** 01 39 67 70 00
Pr reconnu www.hec.fr
• *Data science for business*. Durée: 2 ans. Coût: 19 850 €. Admission: bac + 3.

Hetic
93100 **Montreuil** 01 41 72 77 71
Pr Hc www.hetic.net
• Expert en ingénierie de la communication numérique. Durée: 5 ans. Coût: 29 300 €. Admission: bac.

Human Academy
16023 **Angoulême** 05 45 38 65 77
Pr Hc eu.athuman.com
• *Game* professionnel. Durée: 3 ans. Coût: 21 000 €. Admission: bac.

Ican
75012 **Paris** 01 44 68 11 47
Pr Hc www.ican-design.fr
• Designer numérique. Durée: 3 ans. Coût: 19 420 €. Admission: bac.

ICD - Groupe IGS
75010 **Paris** 01 80 97 66 00
Pr reconnu www.icd-ecoles.com
• Master of Science *in digital business and marketing*. Durée: 18 mois. Coût: 12 800 €. Admission: bac + 4.

CFA: centre de formation d'apprentis
LP: lycée professionnel
LPO: lycée polyvalent
MFR: maison familiale rurale
Pr Hc: privé hors contrat
Pr Sc: privé sous contrat
A: statut apprenti
S: statut scolaire

Écoles spécialisées (suite)

Icoges
75015 **Paris** 01 45 58 17 33
Pr Hc www.icoges.fr
• Bachelor européen en informatique, réseaux et sécurité. Durée: 1 an. Coût: 5900 €.

ICS Bégué
75010 **Paris** 01 48 07 73 50
Pr reconnu www.ics-begue.com
• Master of Science *in blockchain, data and innovation*. Durée: 2 ans. Admission: bac + 3.

Idem
66270 **Le Soler** 04 68 92 53 84
Pr Hc www.lidem.eu
• Manager de projets informatiques. Durée: 2 ans. **A**

IEFM'3D
34470 **Pérols** 04 67 07 50 00
Pr Hc www.iefm3d.com
• Bachelor webmaster-webdesigner. Durée: 3 ans. Coût: 18 300 €. Admission: bac.

Iesa multimédia
75002 **Paris** 01 73 54 14 72
Pr Hc www.iesamultimedia.fr
• Directeur de projet multimédia. Durée: 1 an. Coût: 9800 €. Admission: bac + 4.
• Expert en stratégie digitale. Durée: 2 ans. Admission: bac + 3.
• Responsable de production multimédia. Durée: 1 an. Coût: 9850 €. Admission: bac + 4.

IFC
34000 **Montpellier**
04 67 65 50 85 **Pr Hc** www.ifc.fr
84000 **Avignon** 04 90 14 15 90 **Pr Hc**
www.formations-avignon.ifc.fr
• Chef de projet en communication. Durée: 1 an. Coût: 5400 €. Admission: bac + 3.

IICP
75013 **Paris** 01 53 82 57 13 **Pr Hc**
www.iicp.fr
• Expert en stratégie digitale. Durée: 1 an. Coût: 8200 €. Admission: bac + 4.

IIM
Institut de l'Internet et du multimédia
92916 **Courbevoie**
01 41 16 75 11 **Pr Hc** www.iim.fr
• Manager de la communication numérique. Durée: 2 ans. Coût: 15 000 €. Admission: bac + 3. **A**

Imerir Perpignan
66004 **Perpignan**
04 68 56 80 18 **Public** www.imerir.com
• Développeur de solutions mobiles et connectées. Durée: 1 an. Coût: 6500 €. Admission: bac + 2. **A**
• Manager de systèmes informatiques et robotiques. Durée: 3 ans. Coût: 19 500 €. Admission: bac + 2. **A**

Imie
49000 **Angers** 02 41 66 67 66 **Pr Hc**
imie-ecole-informatique.fr
53000 **Laval** 02 23 44 69 00 **Pr Hc**
44700 **Orvault**
02 28 01 37 54 **Pr Hc**
• TP concepteur-développeur d'applications. Durée: 2 ans. Admission: bac + 2. **A**

Ingésup Paris
75020 **Paris** 01 56 98 21 30
Pr Hc www.ingesup.com
• Certificat supérieur d'ingénierie appliquée. Durée: 3 ans. Admission: bac + 2.
• Manager de projets informatiques. Durée: 2 ans.

Insta
75005 **Paris**
01 82 83 55 30 **Pr Hc** www.insta.fr
• Analyste en génie informatique et réseaux. Durée: 1 an. Coût: 4800 €. Admission: bac + 2.
• Architecte technique en informatique et réseaux. Durée: 2 ans. Coût: 9 600 €. Admission: bac + 3.

Institut d'informatique appliquée
53940 **Saint-Berthevin** 02 43 91 47 47
Consulaire iia-laval.fr
• Manager en ingénierie informatique. Durée: 2 ans. Admission: bac + 3 en informatique. **A**

Institut F2I
94300 **Vincennes** 01 49 57 59 59 **Pr Hc**
• Administrateur systèmes et réseaux. Durée: 1 an.
• Chef de projet digital. Durée: 3 ans. Admission: bac.
• Consultant développeur Web et mobile. Durée: 16 mois.
• Expert ingénierie des systèmes et réseaux. Durée: 5 ans. Admission: bac.
• Expert digital. Durée: 14 mois.

Institut G4
13013 **Marseille** 08 11 69 00 00
Pr Hc www.institut-g4.fr
• Chef de projet sécurité des systèmes d'information. Durée: 5 ans. Coût: 2900 €. Admission: bac. **A**

Institut Sup'Saint Joseph
21010 **Dijon** 03 80 59 20 20
Pr reconnu www.stjodijon.com
• Bachelor informatique option sécurité et réseaux. Durée: 1 an. Admission: bac + 2.

Institut supérieur professionnel de Normandie
14000 **Caen** 02 31 93 09 12
Pr Hc www.ispn.fr
• Chef de projet en communication. Durée: 1 an. Coût: 4950 €. Admission: bac + 2.

Institut supérieur Sup'Esaip
49180 **Saint-Barthélémy-d'Anjou**
02 41 96 65 10 **Pr reconnu** esaip.org
• Bachelor en informatique et réseau. Durée: 3 ans. Coût: 13 050 €. Admission: bac.
• Chef de projet international en informatique et réseaux. Durée: 2 ans. Coût: 12 800 €.

In'Tech
47000 **Agen** 05 53 66 37 70 **Pr Hc**
www.intechinfo.fr
• Expert en ingénierie du logiciel. Durée: 5 ans. Coût: 27 000 €. Admission: bac. **A**
• Expert ingénierie des systèmes et réseaux. Durée: 5 ans. Coût: 27 000 €. Admission: bac. **A**

In'Tech Info
94200 **Ivry-sur-Seine**
01 43 90 21 21 **Pr Hc** www.intechinfo.fr
• Expert en ingénierie du logiciel. Durée: 2 ans. Admission: bac + 3. **A**
• Expert ingénierie des systèmes et réseaux. Durée: 2 ans. Admission: bac + 3. **A**

Ionis School of Technology and Management
94200 **Ivry-sur-Seine** 01 53 14 59 29
Pr Hc www.ionis-stm.com
• Bachelor management et ingénierie informatique. Durée: 1 an. Coût: 1790 €. Admission: bac + 2.
• Expert en management des systèmes d'information. Durée: 2 ans. Coût: 15 250 €. Admission: bac + 3.

Ipag
75006 **Paris** 01 53 63 36 00
Pr reconnu www.ipag.edu
• MBA nouvelles technologies de l'information et de la communication. Durée: 1 an. Coût: 10 000 €. Admission: bac + 4.

Iris
75017 **Paris** 01 44 01 86 70
Pr Hc www.ecoleiris.fr
• Bachelor européen en informatique, réseaux et sécurité. Durée: 1 an. Coût: 5450 €. Admission: bac + 2.
• Bachelor européen informatique et réseaux. Durée: 1 an. Coût: 5 450 €. Admission: bac + 2.
• Bachelor européen webmaster. Durée: 1 an. Coût: 5450 €. Admission: bac + 2.
• Manager de projets informatiques. Durée: 2 ans. Coût: 11 400 €. Admission: bac + 3.

Isart Digital
75011 **Paris**
01 48 07 58 48 **Pr Hc**
www.isartdigital.com
• *Game design* et *programming*. Durée: 4 ans. Coût: 30 800 €. Admission: bac.

ISC Paris
75848 **Paris** 01 40 53 99 99
Pr reconnu www.iscparis.fr
• Master of Science *digital marketing and data management*. Durée: 16 mois. Coût: 14 000 €. Admission: bac + 3.

Iscid-CO
59942 **Dunkerque** 03 28 23 68 00
Public www.iscid-co.fr
• Bachelor en marketing digital et e-commerce. Durée: 3 ans. Coût: 12 000 €. Admission: bac.
• *Post graduate* en marketing digital et *e-business*. Durée: 2 ans. Coût: 10 000 €. Admission: bac + 3.

Isefac Bachelor
06300 **Nice** 04 93 53 36 70 Pr Hc
www.isefac-bachelor.fr
33000 **Bordeaux** 05 56 88 38 91
34000 **Montpellier** 04 99 64 91 45
44000 **Nantes** 02 40 33 30 83
59000 **Lille** 03 20 42 78 50
69007 **Lyon** 04 37 70 82 12
75010 **Paris** 01 47 70 85 03
• Responsable du management commercial et marketing. Durée: 3 ans. Coût: 19 200 €. Admission: bac.

ISG
75116 **Paris** 01 56 26 26 26
Pr reconnu www.isg.fr
• Master of Science *digital marketing and e-business*. Durée: 2 ans. Coût: 19 180 €. Admission: bac + 3.

IT-Akademy
69100 **Villeurbanne**
04 82 53 73 75 Pr Hc
www.it-akademy.fr
• Développeur d'application *full stack*. Durée: 2 ans. Admission: bac + 2.

Itecom Art Design
06000 **Nice**
04 93 53 06 60 Pr Hc
www.itecom-artdesign.com
• Web développement. Durée: 1 an. Coût: 6 520 €. Admission: bac + 1.
• Webdesign. Durée: 1 an. Coût: 6 520 €. Admission: bac.
75002 **Paris**
01 58 62 51 51 Pr Hc
• Webdesign. Durée: 1 an. Coût: 6 850 €. Admission: bac.

Itescia Coding Factory
95000 **Cergy**
01 30 75 35 52 Public
www.codingfactory.fr
• Analyste développeur d'applications informatiques. Durée: 2 ans. Coût: 10 000 €. Admission: bac.
75017 **Paris**
01 55 65 53 57 Consulaire
• Développeur de solutions mobiles et connectées. Durée: 1 an. Coût: 6 000 €. Admission: bac + 2.

Itic
75020 **Paris** 01 43 73 20 40 Pr Hc
www.iticparis.com
• Bachelor développement d'applications mobiles. Durée: 1 an. Coût: 5 270 €. Admission: bac + 2.
• Bachelor européen e-commerce. Durée: 1 an. Coût: 5 270 €. Admission: bac + 2.
• Bachelor européen en informatique, réseaux et sécurité. Durée: 1 an. Coût: 5 270 €. Admission: bac + 2.
• Bachelor européen webmaster. Durée: 1 an. Coût: 5 270 €. Admission: bac + 2.
• Diplôme européen de communication spécialité stratégies publicitaires et communication numérique. Durée: 2 ans. Coût: 11 890 €. Admission: bac + 3.
• Manager de projets informatiques. Durée: 2 ans. Coût: 11 890 €.

Keyce Academy
34470 **Pérols** 04 67 99 48 10
Pr Hc www.keyce.fr
• Administrateur systèmes et réseaux. Durée: 3 ans. Coût: 18 000 €. Admission: bac.

L'École multimédia
75003 **Paris** 0142 78 51 01 Pr Hc
www.ecole-multimedia.com
• Développeur multimédia. Durée: 3 ans. Coût: 12 560 €. Admission: bac + 1 en informatique. Les Etablières
85015 **La Roche-sur-Yon**
09 70 80 82 21 Pr Hc www.etablieres.fr
• Concepteur-réalisateur Web et digital. Durée: 1 an. Coût: 5 990 €. Admission: bac + 2.

La Rochelle BS
17024 **La Rochelle**
05 16 59 05 30 Pr reconnu
www.excelia-group.com
79000 **Niort** 05 16 59 05 30
• Bachelor webdesign et communication graphique. Durée: 3 ans. Coût: 19 500 €. Admission: bac.

Le Campus numérique in the Alps
26000 **Valence** 04 75 78 61 33 Pr Sc
www.le-campus-numerique.fr
38000 **Grenoble**
04 76 28 25 09
73370 **Le Bourget-du-Lac**
07 50 66 51 51
74960 **Annecy** 07 69 37 90 37
• Technicien développeur. Durée: 18 mois. **A**

Le Cnam Grand Est
51687 **Reims**
03 26 36 80 00 Public
www.cnam-grandest.fr
• Technicien développeur. Durée: 2 ans. Admission: bac. **A**

LGT La Chartreuse Paradis
43700 **Brives-Charensac**
04 71 09 83 09 Pr Sc
www.lachartreuse-paradis.fr
• TP concepteur-développeur d'applications. Durée: 1 an. Coût: 1 380 €. Admission: bac + 2.

Lisaa Paris design graphique
75013 **Paris**
01 85 73 23 40 Pr reconnu
www.lisaa.com
• Direction artistique numérique options médias animés et UX design. Durée: 2 ans. Coût: 17 980 €. Admission: bac + 3.

LP Émile Peytavin
48001 **Mende** 04 66 49 18 66
Public www.lyceepeytavin.com
• TP développeur logiciel. Durée: 2 ans. **A**

LP Jules Raimu
30908 **Nîmes** 04 66 64 20 33 Public
www.lyc-raimu-nimes.ac-montpellier.fr
• Technicien réseaux et service très haut débit. Durée: 1 an. **A**
• TP technicien supérieur en réseaux informatiques et télécommunications d'entreprise. Durée: 1 an. Admission: niveau bac. **A**

LP Lavoisier
60110 **Méru** 03 44 52 65 40 Public
www.lycee-lavoisier-meru.fr
• Technicien réseaux et service très haut débit. Durée: 1 an. **A**

Lycée C A Coulomb
6000 **Angoulême**
05 45 61 83 00 Public
www.lyceecharlescoulomb.fr
• Gestionnaire en maintenance et support informatique. Durée: 2 ans. Admission: bac. **A**

Lycée Champollion
34973 **Lattes**
04 67 13 67 13 Public
www.lyc-champollion-lattes.ac-montpellier.fr
• TP concepteur-développeur d'applications. Durée: 2 ans. **A**

Lycée de la CCI
30000 **Nîmes**
04 66 87 97 19 Public gard.cci.fr
• Chef de projet Web et stratégie digitale. Durée: 1 an. Coût: 3 500 €.

Lycée de La Salle
35706 **Rennes**
02 99 87 12 12 Pr Sc
www.groupe-saintjean.fr
• Chef de projet logiciel et réseau. Durée: 1 an. Admission: bac + 2. **A**
• Expert en ingénierie de l'informatique et des systèmes d'information. Durée: 2 ans. **A**

Lycée F Darchicourt
62251 **Hénin-Beaumont**
03 21 08 74 30 Public
www.lycee-darchicourt.net
• Animateur e-commerce. Durée: 1 an. Admission: bac + 2. **A**

CFA: centre de formation d'apprentis
LP: lycée professionnel
LPO: lycée polyvalent
MFR: maison familiale rurale
Pr Hc: privé hors contrat
Pr Sc: privé sous contrat
A: statut apprenti
S: statut scolaire

Écoles spécialisées (suite)

Lycée Henri Loritz
54042 **Nancy**
03 83 36 75 42 Public
www4.ac-nancy-metz.fr
• Technicien réseaux et service très haut débit. Durée : 1 an. A

Lycée J Moulin
59051 **Roubaix** 03 20 81 99 20 Public
www.lyceejeanmoulin-roubaix.fr
• Bachelor manager e-commerce. Durée : 1 an. Admission : bac+2.

Lycée Lamarck
80301 **Albert**
03 22 74 46 00 Public
lamarck.lyc.ac-amiens.fr
• Technicien réseaux et service très haut débit. Durée : 1 an. A

Lycée Le Rebours
75013 **Paris** 01 55 43 28 88
Pr Sc www.lerebours.org
• Concepteur en architecture informatique. Durée : 2 ans. A

Lycée Limayrac
31079 **Toulouse** 05 61 36 08 08
Pr Sc www.limayrac.fr
• Responsable de projets informatiques. Durée : 1 an. Coût : 4 300 €.

Lycée ORT
69373 **Lyon**
04 72 78 09 09 Pr Sc ort-france.fr/lyon
• Manager de systèmes d'information et d'infrastructure. Durée : 2 ans. Coût : 9 000 €.

93107 **Montreuil** 01 49 88 46 50
Pr Sc www.ortmontreuil.fr
• Manager de systèmes d'information et d'infrastructure. Durée : 2 ans. A

Lycée Passy Saint-Honoré
75016 **Paris** 01 53 70 12 70 Pr Sc
www.passy-st-honore.eu
• Bachelor en informatique et réseau. Durée : 1 an. Coût : 5 100 €. A
• Bachelor numérique option développement Web et mobile. Durée : 1 an.
• Chef de projet international en informatique et réseaux. Durée : 2 ans. Coût : 10 200 €. A
• TP concepteur-développeur d'applications. Durée : 1 an. Coût : 3 900 €. Admission : bac+2.

Lycée Pasteur Mont-Roland
39107 **Dole** 03 84 79 66 00
Pr Sc pasteurmontroland.com
• Administrateur de systèmes d'information. Durée : 2 ans. Admission : bac+2. A

Lycée polyvalent Jules Fil
11890 **Carcassonne**
04 68 47 82 66 Public
www.lyc-fil-carcassonne.ac-montpellier.fr
• TP administrateur d'infrastructures sécurisées. Durée : 1 an. A

Lycée Saint-Charles-Sainte-Croix
72000 **Le Mans**
02 43 50 16 70 Pr Sc
www.stcharles-stecroix.org
• TP concepteur-développeur d'applications. Durée : 1 an. Admission : bac+2.

Lycée Saint-Denis
07104 **Annonay** 04 75 69 28 00
Pr Sc www.is2d.com
• Bachelor numérique option cybersécurité. Durée : 1 an.
• Bachelor numérique option développement Web et mobile. Durée : 1 an.

Lycée Saint-Jean-Baptiste de La Salle
51723 **Reims** 03 26 77 17 00
Pr Sc www.sjbs.fr
• Bachelor numérique Esaip option cybersécurité. Durée : 3 ans.
• Bachelor numérique Esaip option développement Web et mobile. Durée : 3 ans.

Lycée Saint-Joseph
76072 **Le Havre** 02 35 46 51 52
Pr Sc www.st-jo.fr
• Bachelor numérique option cybersécurité. Durée : 1 an.
• Bachelor numérique option développement Web et mobile. Durée : 1 an.

Made In Sainte-Marie Lyon
69005 **Lyon** 04 78 28 38 34
Pr Hc made-in-sml.fr
• Bachelor communication et création numérique. Durée : 3 ans. Coût : 15 750 €. Admission : bac.

MBA ESG Paris
75011 **Paris** 01 55 25 69 11 Pr Hc
www.mba-esg.com
• MBA *e-business*. Durée : 2 ans. Coût : 16 750 €.

MFR Campus du Martelet
69400 **Limas** 04 69 37 21 90
Pr Sc www.campus-martelet.mfr.fr
• Responsable de projets informatiques. Durée : 1 an. A
• Technicien d'infrastructure informatique et sécurité. Durée : 2 ans. Admission : bac. A

MFR de Saint-Égrève
38523 **Saint-Égrève** 04 38 02 39 50
Pr Sc www.mfr-stegreve.org
• TP administrateur d'infrastructures sécurisées. Durée : 1 an. A

MJM Graphic Design
33000 **Bordeaux** 05 56 06 06 01
Pr Hc www.mjm-design.com
35000 **Rennes** 02 99 38 26 46
44000 **Nantes** 02 51 84 06
59000 **Lille** 03 20 33 44 34
67000 **Strasbourg** 03 88 75 03 75
75010 **Paris** 01 42 41 88 00
• Concepteur graphique. Durée : 2 ans. Coût : 11 960 €. Admission : bac.
• Webdesigner. Durée : 1 an. Coût : 5 980 €. Admission : bac.

My Digital School
49066 **Angers** 02 41 73 20 30
Pr Hc www.mydigitalschool.com
• Concepteur-réalisateur Web et digital. Durée : 1 an. Admission : bac+2. A
• TP concepteur-développeur d'applications. Durée : 2 ans. A

Nantes Y-NOV
44000 **Nantes** 02 28 44 04 40
Pr Hc www.ynov.com
• Bachelor création et design. Durée : 3 ans. Coût : 22 300 €. Admission : bac.
• Bachelor informatique. Durée : 3 ans. Coût : 20 100 €. Admission : bac.
• Chef de projet multimédia. Durée : 2 ans. Coût : 16 000 €. Admission : bac+3.

Normandie Web School
76140 **Le Petit-Quevilly** 02 79 02 73 78
Pr Hc www.normandie-web-school.fr
• Chef de projet digital. Durée : 3 ans. Coût : 5 300 €. A

Paris School of Tourism and Communication
75008 **Paris** 01 42 61 58 51
Pr Hc ecole-pstc.fr
• Responsable communication digitale. Durée : 2 ans. Coût : 13 810 €. Admission : bac+3.
• *Social media manager*. Durée : 2 ans. Coût : 13 810 €. Admission : bac+3.

Penninghen
75006 **Paris** 01 42 22 55 07 Pr Hc
www.penninghen.fr
• Directeur artistique image et média. Durée : 5 ans. Coût : 52 250 €. Admission : bac.

Pigier Performance
37200 **Tours** 02 47 70 23 70 Pr Hc
www.pigier.com
33130 **Bègles** 05 57 83 14 12
34000 **Montpellier** 04 67 10 58 58
44800 **Saint-Herblain** 02 40 35 28 82
67000 **Strasbourg** 03 88 37 59 02
• Responsable de communication et webmarketing. Durée : 1 an. Coût : 5 000 €. Admission : bac+2

Pôle Paris alternance
75014 **Paris** 01 40 79 02 90 Pr Hc
www.ppa.fr
• Responsable marketing et communication. Durée : 3 ans. Coût : 20 440 €. Admission : bac A.

PSB
75013 **Paris** 01 53 36 44 00
Pr reconnu www.psbedu.paris
• Master of *digital business*. Durée : 1 an. Coût : 12 650 €. Admission : bac+3/+4.
• Master of *marketing strategy and data analytics*. Durée : 1 an. Coût : 13 250 €. Admission : bac+3/+4.

Rennes SB
35065 **Rennes** 02 99 54 63 63
Pr reconnu www.rennes-sb.fr

• Master of Science *in data science and business analytics*. Durée: 16 mois. Coût: 18 200 €. Admission: bac+3/+4.
• Master of Science *in digital marketing and communication*. Durée: 16 mois. Coût: 18 200 €. Admission: dossier et entretien avec bac+3/+4.

SA AH Cric Association
31076 Toulouse 05 62 48 40 00
CFA privé www.cric.asso.fr
• TP technicien supérieur de support en informatique. Durée: 2 ans. Admission: bac. **A**

Studio M
75011 Paris 09 72 47 68 61 **Pr Hc**
www.studio-m.fr
• Concepteur-webdesigner. Durée: 1 an. Coût: 21 855 €.
34070 Montpellier 04 99 52 98 68
• Bachelor infographiste-webdesigner. Durée: 3 ans. Coût: 17 655 €. Admission: bac.

Supcréa
38000 Grenoble 04 76 87 74 75
Pr Hc www.supcrea.com
• Concepteur-webdesigner. Durée: 1 an. Coût: 6 900 €. Admission: bac+2.

Sup de Web
75016 Paris 01 46 47 29 07
Pr Hc www.supdeweb.com
• Bachelor Web. Durée: 3 ans.

Supinfo
14000 Caen 01 53 35 97 00
Pr Hc www.supinfo.com
• Expert en informatique et systèmes d'information. Durée: 5 ans. Coût: 30 500 €. Admission: bac.
35510 Cesson-Sévigné 01 53 35 97 00 **Pr Hc**
38130 Échirolles 01 53 35 97 00 **Pr Hc**
44200 Nantes 01 53 35 97 00 **Pr Hc**
59000 Lille 03 69 61 47 10 **Pr Hc**
59300 Valenciennes 03 69 61 47 10 **Pr Hc**
63000 Clermont-Ferrand 01 53 35 97 00 **Pr Hc**
67400 Illkirch-Graffenstaden 01 53 35 97 00 **Pr Hc**
75010 Paris 01 53 35 97 00
Pr reconnu www.supinfo.com
• Expert en informatique et systèmes d'information. Durée: 5 ans. Admission: bac.
97232 Le Lamentin 01 53 35 97 00 **Pr Hc**
97490 Saint-Denis 03 62 27 97 26 **Pr Hc**
• Expert en informatique et systèmes d'information. Durée: 5 ans. Coût: 30 250 €. Admission: bac.

Sup'Internet
75011 Paris 01 80 51 71 36 **Pr Hc**
www.supinternet.fr
• Responsable de projet Web et mobile. Durée: 3 ans. Coût: 20 550 €. Admission: bac.

Sup'IPGV
13200 Arles 04 90 99 47 00
CFA privé www.supipgv.fr
• Responsable marketing et commercial (bachelor). Durée: 1 an. **A**

Sup' La Mache - ISTL
69373 Lyon 04 72 78 55 66
Pr Hc www.ecolelamache.org
• Responsable de projets informatiques. Durée: 1 an. Admission: bac+2. **A**
• Technicien d'infrastructure informatique et sécurité. Durée: 2 ans. Admission: bac. **A**

Sup'TG
79003 Niort 05 49 28 79 66
Pr reconnu www.suptgniort.com
• Chef de projet Web et stratégie digitale. Durée: 1 an. Admission: bac+2. **A**
• Développeur de solutions mobiles et connectées. Durée: 1 an. Admission: bac+2. **A**

TBS
31068 Toulouse 05 61 29 49 49
Pr reconnu www.tbs-education.fr
• Master of Science *in digital marketing and e-commerce*. Durée: 1 an. Coût: 16 500 €. Admission: bac+4.

The American Business School of Paris
75010 Paris 01 80 97 65 50
Pr Hc www.absparis.com
• Manager des systèmes d'information. Durée: 1 an. Coût: 13 930 €. Admission: bac+4.

UFA ISD-Flaubert
76044 Rouen 02 35 12 88 87/25
Public www.isd-flaubert.com
• Chef de projet digital. Durée: 2 ans. Admission: bac+2. **A**

UFR de sciences
06108 Nice 04 89 15 00 00
Public unice.fr
• Master of Science biobanques et gestion des données complexes. Durée: 2 ans.
• Master of Science *data sciences*. Durée: 2 ans.

Université de formation interprofessionnelle
06200 Nice 04 93 19 41 21 **Pr Hc**
www.ufip.eu
• Administrateur systèmes et réseaux. Durée: 2 ans. Coût: 11 000 €. Admission: bac+1.

Web International School
34090 Montpellier 04 67 04 20 01
Pr Hc www.wis-ecoles.com
59000 Lille 03 20 34 35 36
• Expert en informatique et systèmes d'information. Durée: 2 ans. Coût: 18 180 €. Admission: bac+3.
• TP concepteur-développeur d'applications. Durée: 3 ans. Coût: 22 470 €. Admission: bac.

Webstart
44000 Nantes 02 44 76 29 60
Pr Hc ecole-webstart.com
• Chef de projet digital. Durée: 1 an. Coût: 5 200 €. Admission: bac+2.
• *Community management*. Durée: 1 an. Coût: 4 800 €. Admission: bac.
• Développeur Web et mobile. Durée: 3 ans. Coût: 17 280 €. Admission: bac.
• UX/UI design. Durée: 1 an. Coût: 5 200 €. Admission: bac.
• Webmarketing et communication. Durée: 2 ans. Coût: 10 400 €. Admission: bac.

Weller
75017 Paris 01 56 33 76 76
Pr Hc www.weller.fr
• Manager de projets Web et digital. Durée: 1 an. Coût: 7 480 €. Admission: bac+4.

Wild Code School
51100 Reims 06 58 30 24 94
Pr Hc www.wildcodeschool.com
• TP développeur Web et Web mobile. Durée: 1 an. Coût: 7 000 €.

CFA: centre de formation d'apprentis
LP: lycée professionnel
LPO: lycée polyvalent
MFR: maison familiale rurale
Pr Hc: privé hors contrat
Pr Sc: privé sous contrat
A: statut apprenti
S: statut scolaire

UNIVERSITÉS

AIX-MARSEILLE
- **Aix-Marseille Université**
www.univ-amu.fr
- **Avignon Université**
www.univ-avignon.fr

AMIENS
- **Université Picardie Jules Verne**
www.u-picardie.fr

BESANÇON
- **Université de Franche-Comté**
www.univ-fcomte.fr

BORDEAUX
- **Université Bordeaux Montaigne**
www.u-bordeaux-montaigne.fr
- **Université de Bordeaux**
www.u-bordeaux.fr
- **Université de Pau et des Pays de l'Adour**
www.univ-pau.fr

CAEN
- **Université de Caen Normandie**
www.unicaen.fr

CLERMONT-FERRAND
- **Université Clermont Auvergne**
www.uca.fr

COLLECTIVITÉS D'OUTRE-MER
- **Université de Nouvelle Calédonie**
unc.nc

CORSE
- **Université de Corse**
www.univ-corse.fr

CRÉTEIL
- **Université Sorbonne Paris Nord**
www.univ-paris13.fr
- **Université Vincennes-Saint-Denis**
www.univ-paris8.fr
- **Université Paris Est Créteil Val-de-Marne**
www.u-pec.fr
- **Université Gustave Eiffel (ex-Paris Est Marne-la-Vallée)**
www.u-pem.fr
- **Université Paris-Saclay (ex-Paris Sud, ex-Orsay)**
www.universite-paris-saclay.fr

DIJON
- **Université de Bourgogne**
www.u-bourgogne.fr

GRENOBLE
- **Université Grenoble Alpes**
www.univ-grenoble-alpes.fr
- **Université Savoie Mont Blanc**
www.univ-smb.fr

GUADELOUPE
- **Université des Antilles**
www.univ-ag.fr

GUYANE
- **Université de Guyane**
www.univ-guyane.fr

LILLE
- **Université d'Artois**
www.univ-artois.fr
- **Université de Lille**
www.univ-lille.fr
- **Université du Littoral Côte d'Opale**
www.univ-littoral.fr
- **Université polytechnique Hauts-de-France**
www.univ-valenciennes.fr

LIMOGES
- **Université de Limoges**
www.unilim.fr

LYON
- **Université Claude Bernard - Lyon 1**
www.univ-lyon1.fr
- **Université Jean Monnet Saint-Étienne**
www.univ-st-etienne.fr
- **Université Jean Moulin**
www.univ-lyon3.fr
- **Université Lumière**
www.univ-lyon2.fr

MARTINIQUE
- **Université des Antilles**
www.univ-ag.fr

MAYOTTE
- **Centre universitaire de Mayotte**
www.univ-mayotte.fr

MONTPELLIER
- **Université de Montpellier**
www.umontpellier.fr
- **Université de Nîmes**
www.unimes.fr
- **Université de Perpignan Via Domitia**
www.univ-perp.fr
- **Université Paul Valéry**
www.univ-montp3.fr

NANCY-METZ
- **Université de Lorraine**
www.univ-lorraine.fr

NANTES
- **Le Mans université**
www.univ-lemans.fr
- **Université d'Angers**
www.univ-angers.fr
- **Université de Nantes**
www.univ-nantes.fr

NICE
- **Université Côte d'Azur**
www.unice.fr
- **Université de Toulon**
www.univ-tln.fr

ORLÉANS-TOURS
- **Université de Tours**
www.univ-tours.fr
- **Université d'Orléans**
www.univ-orleans.fr

PARIS
- **Institut national des langues et civilisations orientales**
www.inalco.fr
- **Sorbonne université**
www.sorbonne-universite.fr
- **Université Sorbonne Nouvelle**
www.univ-paris3.fr
- **Université de Paris**
u-paris.fr
- **Université Panthéon-Sorbonne**
www.pantheonsorbonne.fr
- **Université PSL**
www.psl.eu

POITIERS
- **La Rochelle Université**
www.univ-larochelle.fr
- **Université de Poitiers**
www.univ-poitiers.fr

REIMS
- **Université de Reims Champagne-Ardenne**
www.univ-reims.fr

RENNES
- **Université de Bretagne occidentale**
www.univ-brest.fr
- **Université Rennes 1**
www.univ-rennes1.fr
- **Université Rennes 2**
www.univ-rennes2.fr

ROUEN
- **Université de Rouen Normandie**
www.univ-rouen.fr

STRASBOURG
- **Université de Haute Alsace Mulhouse**
www.uha.fr
- **Université de Strasbourg**
www.unistra.fr

TOULOUSE
- **Institut national universitaire Jean-François Champollion**
www.univ-jfc.fr
- **Université de Pau et des Pays de l'Adour**
www.univ-pau.fr
- **Université Toulouse - Jean Jaurès**
www.univ-tlse2.fr
- **Université Paul Sabatier**
www.univ-tlse3.fr

VERSAILLES
- **Communauté d'universités et d'établissements - Université Paris-Saclay**
www.universite-paris-saclay.fr
- **CY Cergy Paris Université**
www.u-cergy.fr
- **Université de Paris**
u-paris.fr
- **Université de Versailles Saint-Quentin-en-Yvelines**
www.uvsq.fr
- **Université d'Évry-Val d'Essonne**
www.univ-evry.fr
- **Université Paris Nanterre**
www.parisnanterre.fr
- **Université Paris-Saclay (ex-Paris Sud, ex-Orsay)**
www.universite-paris-saclay.fr

SITES UTILES

Pour en savoir plus sur les métiers, les formations et l'emploi dans le domaine du numérique.

SYNDICATS ET ASSOCIATIONS PROFESSIONNELLES

www.syntec-numerique.fr

Site du Syndicat des entreprises de services du numérique, des éditeurs de logiciels et des sociétés de conseil en technologie : présentation du secteur, fiches métiers, revue de presse…

http://talentsdunumerique.com

Site grand public du Syntec Numérique sur les métiers et formations du numérique.

www.fafiec.fr

Site de l'organisme paritaire collecteur agréé des métiers du numérique, de l'ingénierie, du conseil, des études et des métiers de l'événement : études prospectives sur l'emploi.

http://observatoire-metiers.opiiec.fr

Site de l'Opiiec, Observatoire des métiers du numérique, de l'ingénierie, des études et conseils et de l'événement : tendances de l'emploi, chiffres-clés, fiches métiers…

www.cigref.fr

Site du Cigref, réseau de grandes entreprises qui promeut la culture numérique : publications, nomenclature des métiers…

www.grandeecolenumerique.fr

Site du label GEN (Grande École du numérique) qui référence des formations aux métiers du numérique ouvertes à tous, sans condition de diplôme.

www.opco-atlas.fr

Site de l'opérateur de compétences des entreprises des services financiers et du conseil, incluant les activités du numérique.

https://lafrenchtech.com

Site de la French Tech, mouvement de start-up françaises.

www.capdigital.com

Site du collectif Cap Digital qui rassemble les acteurs de l'innovation : start-up, laboratoires de recherche, entreprises, écoles, universités…

http://cefcys.com

Site du Cercle des femmes de la cybersécurité.

www.lesplombiersdunumerique.org

Site de l'École des plombiers du numérique à destination des jeunes déscolarisés.

https://femmes-numerique.fr

Site Femmes@numérique pour l'inclusion et la promotion des femmes dans le numérique.

https://pix.fr

Service public en ligne pour évaluer, développer, certifier ses compétences numériques.

www.societe-informatique-de-france.fr

Site de la Société informatique de France, association qui promeut l'informatique et anime une communauté scientifique.

http://fierdetredeveloppeur.org

Site associatif lancé à l'initiative de développeurs pour promouvoir leur métier : revue de presse, actualités, témoignages…

www.apec.fr

Site de l'Association pour l'emploi des cadres. Informations sur les métiers et les salaires ; offres d'emploi destinées aux jeunes diplômés.

PRESSE SPÉCIALISÉE

www.journaldunet.com

Site d'informations économiques avec une place importante donnée à l'économie et aux métiers liés aux nouvelles technologies.

www.lemondeinformatique.fr

Site du journal *Le Monde informatique* qui se consacre à l'informatique, aux télécommunications et aux nouvelles technologies.

http://pro.01net.com

Site d'informations sur l'informatique : dossiers et enquêtes d'actualité, portraits de professionnels, rubrique emploi…

www.lebigdata.fr

Magazine spécialisé dans les domaines de l'intelligence artificielle, du *cloud* et du *big data*.

RESSOURCES ONISEP

Des pistes à explorer pour compléter vos connaissances sur les métiers et les formations du numérique.

LES PUBLICATIONS

→ *Les métiers du design*, 2019.
→ *Les métiers du jeu vidéo*, 2019.
→ *Les métiers de l'informatique*, 2017.
→ *Grande école du numérique*, 2019.

Quatre publications dans les collections « Parcours » et « Zoom » pour découvrir d'autres portraits de professionnels du numérique.

Objectif sup Parution 2020

Classes prépa Parution 2020

Écoles d'ingénieurs Parution 2021

→ *Objectif sup*, 2020.
→ *Classes prépa*, 2020.
→ *Écoles d'ingénieurs*, 2021.

Trois publications dans la collection « Dossiers » pour approfondir son information sur les classes préparatoires, les écoles d'ingénieurs et les filières universitaires.

À consulter au CDI (centre de documentation et d'information) des collèges et des lycées ou au CIO (centre d'information et d'orientation). Également en vente sur www.onisep.fr/lalibrairie.

Info@

RENCONTREZ UN PERSONNEL D'ORIENTATION

Pour réfléchir à votre orientation et recevoir une information personnalisée, n'hésitez pas à prendre rendez-vous dans le cadre de la permanence assurée dans les établissements publics ou auprès d'un CIO (centre d'information et d'orientation).
Les adresses des CIO sur **www.onisep.fr**.

LE SITE

onisep

Pour aller plus loin sur les métiers et les études évoqués dans cette publication ou compléter votre carnet d'adresses des formations.

LES VIDÉOS

onisep TV

Une sélection de vidéos sur les métiers et les formations du domaine du numérique.
À découvrir sur **oniseptv.onisep.fr**.

UN SERVICE PERSONNALISÉ

onisep MON ORIENTATION EN LIGNE

Vous avez de nouvelles interrogations après la lecture de cet ouvrage ?
L'Onisep assure une réponse personnalisée à vos questions.
Trois moyens pour nous contacter :
- par courrier électronique via **monorientationenligne.fr** ;
- par tchat ;
- par téléphone :
> au 01 77 77 12 25 (appel non surtaxé) du lundi au vendredi de 10 h à 20 h en métropole ;
> au 05 96 53 12 25 du lundi au vendredi de 8 h à 15 h (heures locales) pour les académies de Guadeloupe et de Martinique, et de 9 h à 16 h (heures locales) pour l'académie de Guyane.

LEXIQUE

Définitions des termes soulignés.

Admission parallèle: par opposition à l'admission principale, procédure permettant d'intégrer une grande école (de commerce ou d'ingénieurs) sans passer par une classe prépa.

Algorithme: suite d'instructions exprimant la structure logique d'un programme informatique.

Annonceur: entreprise qui investit dans une campagne de communication (annonces publicitaires en ligne, dans la presse…).

Application mobile: logiciel téléchargeable et utilisable sur un smartphone ou une tablette.

Back-office: partie du site Internet qui n'est visible que par l'administrateur et qui permet de gérer le contenu et les fonctionnalités, par opposition au *front-office (voir plus loin).*

Bannière: bandeau publicitaire sur Internet.

Base de données: ensemble d'informations mises régulièrement à jour et reliées entre elles par des liens logiques.

Big data: données massives pouvant être analysées à des fins commerciales, de santé, de sécurité…

Brief: informations et instructions données aux créatifs d'une agence marketing pour orienter la conception d'une campagne publicitaire.

Bug: mot anglais pour désigner une erreur de programmation dans un logiciel qui entraîne des dysfonctionnements.

Cahier des charges: document décrivant les caractéristiques et les fonctions auxquelles un produit ou un service doit répondre.

***Cloud computing* (ou *cloud*):** littéralement «informatique dans les nuages». Serveurs distants, en général accessibles par Internet, utilisés pour traiter et stocker des données.

Cnil: Commission nationale de l'informatique et des libertés. Autorité administrative indépendante chargée de veiller à ce que l'informatique ne porte atteinte ni à la vie privée, ni aux libertés individuelles ou publiques.

Cookie: petit fichier informatique déposé sur le disque dur de l'internaute, lors de la consultation de certains sites Web, et qui conserve des informations en vue d'une connexion ultérieure.

Data center: installations informatiques chargées de stocker et de distribuer des données via Internet.

Data science: discipline permettant d'explorer et d'analyser des données brutes afin de les transformer en informations.

Design d'interface: conception d'éléments graphiques pour un support numérique interactif (jeu vidéo, site, etc.) qui tient compte de l'expérience des utilisateurs.

E-business: commerce électronique via Internet.

ECTS (crédits): *European Credits Transfer System*. Système d'unités capitalisables facilitant la mobilité des étudiants entre les établissements d'enseignement supérieur européens.

Entreprise de services du numérique (ESN): entreprise réalisant, pour le compte d'une autre entreprise, des prestations de conseil et de services informatiques.

Free-lance: travailleur indépendant.

Front-office: partie d'un site Internet ou d'une application mobile accessible à l'utilisateur final, par opposition au *back-office (voir plus haut).*

Gameplay: mécanique du jeu. Concerne aussi bien l'environnement général que les règles du jeu, sa maniabilité ou l'ensemble des possibilités offertes.

Génie logiciel: conception, réalisation et maintenance de logiciels.

Hackathon: événement sur plusieurs jours, réunissant des développeurs autour de porteurs de projets pour réaliser de la programmation informatique collaborative et produire un prototype d'application.

Hacker: spécialiste des mécanismes de sécurité informatique, capable de les déjouer. Pirate informatique lorsqu'il pénètre par effraction dans des systèmes ou des réseaux.

Haptique: qui se rapporte à la sensation du toucher.

Hébergeur de sites: entité mettant à la disposition des internautes des sites Web conçus et gérés par des tiers.

Home: page d'accueil d'un site Web, stratégique puisqu'elle a une fonction de représentation (accueil) et d'orientation.

HTML: *HyperText Markup Language*. Langage de balisage utilisé pour la création de pages Web, permettant notamment de définir des liens hypertextes.

Intranet: réseau informatique interne semblable à Internet mais utilisé de façon privée au sein d'une entreprise et non relié directement à Internet.

Info salaire

Les données salaires utilisées dans cette publication proviennent de différentes sources. Elles concernent le plus souvent le salaire des débutants. Selon les cas, les salaires sont exprimés en brut (avant prélèvement des cotisations sociales) ou en net (somme que le salarié touche à la fin du mois). Pour aider au repérage:

- Ø Salaire équivalent au Smic (salaire minimum): 1219 € net par mois en 2020.
- ØØ Salaire intermédiaire pour le secteur.
- ØØØ Parmi les hauts salaires du secteur.

Label : reconnaissance décernée par l'État ou par un organisme privé qui garantit la qualité d'une école ou d'un diplôme.

Langage informatique : sert à décrire les actions consécutives qu'un ordinateur doit exécuter. Java, PHP... les langages de programmation sont spécifiques à un type de support.

Lien sponsorisé : lien payant permettant l'affichage d'annonces publicitaires dans les résultats de recherche des internautes ou sur des sites tiers.

Marketing digital : activité dont l'objectif est d'augmenter le trafic sur des sites déjà en ligne.

MOOC : *Massive Open Online Course*. Formation en ligne ouverte à tous.

Newsletter : lettre d'information envoyée régulièrement par e-mail à une liste de diffusion.

Objet connecté : raccordé à Internet, un objet du quotidien peut interagir avec un utilisateur via son mobile.

Programmation : écriture (on parle de « codage »), à l'aide de langages informatiques (Java, HTML, PHP...), de programmes qui seront exécutés par un ordinateur.

***Pure player* :** entreprise dont les activités se font exclusivement sur Internet.

Réalité augmentée : superposition d'univers réels et d'informations ou d'images numériques avec lesquelles l'utilisateur peut interagir.

Réalité virtuelle : immersion dans un monde virtuel où il est possible de se déplacer et d'interagir.

Référencement naturel : également appelé SEO *(Search Engine Optimization)*. Consiste à améliorer le positionnement de sites Internet sur les moteurs de recherche en adaptant leurs contenus.

Référencement payant : également appelé SEA *(Search Engine Advertising)*. Optimise l'audience d'un site Internet ou d'une boutique en ligne au moyen d'annonces publicitaires et de liens sponsorisés.

Réseau : ensemble d'équipements informatiques reliés entre eux pour échanger des informations.

Réseaux sociaux : sites Internet (Facebook, Twitter, Instagram, LinkedIn...) permettant de se constituer un réseau de connaissances amicales ou professionnelles et fournissant à leurs membres des outils d'interaction.

RGPD : règlement général sur la protection des données. Ce texte de référence renforce et unifie la protection des données personnelles au sein de l'Union européenne.

RNCP : le Répertoire national des certifications professionnelles recense les diplômes, titres et certificats de qualification à finalité professionnelle. Il indique le niveau d'emploi au terme de la formation.

SEA : *voir* Référencement payant.

SEO : *voir* Référencement naturel

Start-up : jeune entreprise à forte croissance potentielle.

Taux de conversion : mesure le rapport entre le nombre de visiteurs ayant réalisé une action recherchée par un site (comme un achat) et le nombre total de visiteurs.

***Tracking* :** analyse, grâce à des outils informatiques, du comportement des visiteurs d'un site Internet (comptabilisation, traçage...).

Trafic : audience d'une page ou d'un site Web. S'exprime avec différents indicateurs : nombre de visiteurs, de visites, de pages vues...

UI/UX (design) : *User Interface* (interface utilisateur) / *User experience* (expérience utilisateur). Alors que l'UX design se concentre sur la navigation, l'UI design s'intéresse plutôt aux éléments graphiques des interfaces. Les deux démarches sont complémentaires.

Visa : une école reconnue par l'État peut demander l'autorisation de délivrer un diplôme visé, gage de qualité.

***Wireframe* :** schéma représentant les zones d'un site ou d'une page Web. Sorte de maquette.

***Zoning* :** découpage de la page en positionnant les différentes zones qui la composent (navigation, contenus, logo, pied de page, moteur de recherche...).

LISTE DES SIGLES

BTS : brevet de technicien supérieur

BUT : bachelor universitaire de technologie

CDD : contrat à durée déterminée

CDI : contrat à durée indéterminée

DN MADE : diplôme national des métiers d'art et du design

DSAA : diplôme supérieur d'arts appliqués

MIAGE : (licence et master) méthodes informatiques appliquées à la gestion des entreprises

MIASHS : (licence et master) mathématiques et informatique appliquées aux sciences humaines et sociales

SIO : (BTS) services informatiques aux organisations

SISR : (option du BTS SIO) solutions d'infrastructure, systèmes et réseaux

SLAM : (option du BTS SIO) solutions logicielles et applications métiers

SN : (bac professionnel et BTS) systèmes numériques

STD2A : (bac) sciences et technologies du design et des arts appliqués

STI2D : (bac) sciences et technologies de l'industrie et du développement durable.

STMG : (bac) sciences et technologies du management et de la gestion

INDEX

A

B

C

D

E

G

I

L

onisep Office national d'information sur les enseignements et les professions, établissement public sous tutelle du ministère de l'Éducation nationale, de la Jeunesse et des Sports et du ministère de l'Enseignement supérieur, de la Recherche et de l'Innovation • **Publication de l'Onisep:** © Onisep: Novembre 2020 • **Directrice de la publication:** Frédérique Alexandre-Bailly • **Directrice adjointe de la publication:** Marie-Claude Gusto • **ÉDITIONS CROSS-MÉDIA >** Cheffe de département: Sandrine Marcillaud-Authier • Rédaction en chef: Carole Gibrat-Tach • Rédaction: Yves Bollet, Sandrine Damie, Marion Lafond, Sylvie Pelletreau • Secrétariat de rédaction: Catherine Marc • Correction: Pauline Coullet • Administratrice technique éditoriale: Saliha Hamzic • **RESSOURCES DOCUMENTAIRES >** Chef de département: Gilles Foubert • Documentation: Hélène Ferron • Ingénierie documentaire: Alexa Lecherbonnier • **CRÉATION ET FABRICATION CROSS-MÉDIA >** Chef de service et direction artistique: Bruno Delobelle • Maquette et mise en pages: Évelyne Delzescaux, Élisa Masfrand • Iconographie: Christelle Michelet • Reportage photo: Mehrak • Illustration de couverture: Cyril Lauret • Responsable fabrication: Laurence Parlouer • Photogravure: Key Graphic (Paris) • Imprimeur: Jouve • **PROMOTION, COMMERCIALISATION ET DIFFUSION >** Onisep VPC – 12, mail Barthélemy-Thimonnier, CS 10450 Lognes, 77437 Marne-la-Vallée Cedex 2 • Internet: onisep.fr/lalibrairie • Relations clients: service-clients@onisep.fr • Diffusion-distribution: Humensis • Code de diffusion Onisep: 901522 • ISSN code collection: 1765-9329 • ISBN papier: 978-2-273-01522-6 • ISBN numérique: 978-2-273-01530-1 • **PUBLICITÉ >** Ghislain Uguen (guguen@onisep.fr) • Mistral Media – 22, rue La Fayette 75009 Paris • Tél.: 01 40 02 99 00 • Luc Lehéricy (luc.lehericy@mistralmedia.fr) • Plan de classement Onisep: INF108000 • Le kiosque: Sciences, Technologies • Dépôt légal: Novembre 2020 •

PEFC 10-31-1316